BUNDESLIGA

Alle **Clubs** – alle **Stars** – alle **Rekorde**

Unser Expertenteam

Lutz Wöckener

ist Fußballexperte und hat eine Nase für temporeiche
Geschichten.
Er arbeitet als Sportredakteur beim Hamburger Abend-
blatt und berichtete zuvor als freier Journalist vor allem
für das Sportmagazin kicker.

Christina Braun

ist Expertin für Kinderbücher und leidenschaftlicher
Fußball-Fan. Sie war bereits bei verschiedenen
namhaften Kinderbuchverlagen tätig und arbeitet
heute als freischaffende Lektorin in Nürnberg.

Michael Drapa

hat ein Auge für das richtige Fußball-Design und weiß,
dass das Runde selbstverständlich ins Eckige gehört.
Er arbeitet als freier Grafiker in Hamburg.

1 2 3 4 13 12 11
© Carlsen Verlag GmbH, Hamburg 2011
Konzept und Text: Lutz Wöckener
Grafik und Bildredaktion: Raum für Gestaltung/Michael Drapa
Coverdesign: Steffen Meier, Hamburg
Lektorat: Christina Braun, Die Redaktionsgarage
Leitung: Frank Kühne, Hamburg
Projektkoordination: Sabrina Janson, Hamburg
ISBN 978-3-551-25038-4

www.carlsen.de

www.bundesliga.de

BUNDESLIGA

Alle **Clubs** – alle **Stars** – alle **Rekorde**

CARLSEN

Sternstunden und Schattenseiten

8

Alle Clubs der Bundesliga

Die Schiedsrichter 92

Fußball in der DDR 96

Zahlen, bitte! 99

Die Geschichte des deutschen Fußballs

1873	erste Fußballspiele in Deutschland
1874	Engländer gründen den Dresden English Football Club
1875	erstes Regelwerk von Konrad Koch in Braunschweig vorgelegt
1880	Gründung des ersten deutschen Fußball-Clubs, dem Bremer Football-Club
1888	Gründung des ältesten deutschen Fußball-Clubs, dem BFC Germania 1888, in Berlin
1890	Gründung Bund Deutscher Fußballspieler in Berlin
1893	Gründung Süddeutsche Fußball-Union
1896	erstes Städtespiel Berlin – Hamburg (13:0)
1900	Gründung des Deutschen Fußball-Bundes (DFB) in Leipzig
1903	der VfB Leipzig ist erster Deutscher Meister
1904	der DFB tritt dem Fußball-Weltverband (FIFA) bei
1908	das erste Länderspiel wird in Basel gegen die Schweiz mit 3:5 verloren
1912	höchster Sieg einer deutschen Nationalmannschaft mit dem 16:0 bei den Olympischen Spielen in Stockholm gegen Russland
1934	erste WM-Teilnahme bei der Endrunde in Italien
1935	Einführung des Tschammer-Pokals
1940	Auflösung des DFB
1945	nach dem Zweiten Weltkrieg bilden sich fünf Oberligen als höchste Spielklasse heraus
1949	die DDR-Oberliga ersetzt die Ostzonenmeisterschaft
1950	Neugründung des DFB
1952	Aufnahme der DDR in die FIFA
1953	Wiedereinführung des Vereinspokals als DFB-Pokal statt Tschammer-Pokal
1954	erster Weltmeistertitel nach einem 3:2-Sieg in Bern über Ungarn
1955	erstes inoffizielles Spiel einer deutschen Frauen-Nationalmannschaft in Essen gegen die Niederlande (2:2)
1955	DFB verbietet Frauenmannschaften
1958	Gründung Deutscher Fußball-Verband (DFV) der DDR
1963	Einführung der Bundesliga
1966	erster Europapokalsieg einer deutschen Mannschaft durch Borussia Dortmund im Pokalsieger-Wettbewerb
1967	der FC Bayern München gewinnt zum ersten Mal den Europapokal der Pokalsieger
1970	DFB hebt Verbot für Frauenmannschaften wieder auf
1972	erster Europameisterschaftstitel nach einem 3:0-Sieg über die UdSSR in Brüssel
1974	erste Weltmeisterschaft in Deutschland
1974	das einzige Länderspiel zwischen der BRD und der DDR gewinnen die Ostdeutschen mit 1:0 in Hamburg

Von der Entstehung eines neuen Sports

Am Anfang

England gilt als das Mutterland des Fußballs. 1848 wurden in Cambridge die ersten Regeln verfasst, neun Jahre darauf gründete sich in Sheffield der erste offiziell eingetragene Fußball-Club der Welt und 1863 wurde mit der bis heute bestehenden Football Association (FA) in London auch der erste Verband gegründet. Dem Fußball sehr ähnliche Spiele hatte es aber bereits viele hundert Jahre zuvor in vielen verschiedenen Kulturen der Erde gegeben. In China, bei den Griechen, den Römern oder auch in Mittel- und Lateinamerika. Nach Deutschland rollte der Ball im Jahr 1873.

Lange Jahre war das fremde, ungewöhnliche Spiel noch verpönt und vielerorts sogar verboten. Fußball wurde verächtlich als „Fußlümmelei" bezeichnet, da er nicht viel mit der Eleganz des in Gruppen ausgeübten Turnens gemein hatte. Aber auch wenn es anfangs nur wenige Gymnasiasten waren, die das Spiel als Freizeitbeschäftigung entdeckten, steckte die „englische Krankheit" doch immer mehr Gleichgesinnte an. Konrad Koch, Lehrer eines Braunschweiger Gymnasiums, verfasste 1875 die ersten Regeln in deutscher Sprache, „erfand" Begriffe wie Abseits, Eckball und Halbzeit und führte den Fußball in seinen Unterricht ein. Bis zur Gründung des ersten deutschen Fußball-Clubs sollte es aber noch fünf lange Jahre dauern. 1874 waren es Engländer, die in Sachsen den Dresden English Football Club gründeten, und der vier Jahre später ins Leben gerufene Deutsche Fußballverein 1878 Hannover beschränkte sich trotz des Namens bei seinen Aktivitäten ausschließlich auf Rugby. 1880 aber wurde im Norden der Bremer Football-Club aus der Taufe gehoben. Pionierarbeit, die schnell Nachahmer fand. Vor allem in den Großstädten erfreute sich der Sport immer größerer Beliebtheit. Berlin, Hamburg und Karlsruhe wurden zu den ersten Hochburgen und in Berlin wurde auch der älteste bis heute bestehende Fußball-Club, der BFC Germania 1888 gegründet. Der Club aus dem Stadtteil

bis zur Gründung der Bundesliga

war es
Fußlümmelei

Tempelhof wurde 1891 auch erster inoffizieller Meister des ein Jahr zuvor in Berlin gegründeten Bunds Deutscher Fußballspieler. Heute spielt er in der neuntklassigen 1. Kreisliga B und ist gemeinsam mit ungefähr 26.000 anderen Clubs im Deutschen Fußball-Bund (DFB) organisiert, der sich am 28. Januar 1900 in Leipzig gründete.

Unter dem Dachverband entstanden Strukturen. Und auch eine Nationalmannschaft wurde gebildet, die ihr erstes Länderspiel am 5. April 1908 in Basel allerdings mit 3:5 gegen die Schweiz verlor. Im gleichen Jahr wurde bereits zum sechsten Mal in einer Endrunde der Deutsche Meister ausgespielt. Die erste Meisterschaft gewann der VfB Leipzig 1903 in Altona mit 7:2 gegen den DFC Prag. Und auch die Regeln wurden immer mehr verfeinert. Wurde 1896 in den Jenaer Regeln noch festgelegt, dass das Spielfeld frei von Bäumen und Sträuchern sein muss und der Strafraum ein Rechteck statt eines Halbkreises zu sein hat, so ging es nun um Feinheiten wie die Aufhebung der Abseitsregel in der eigenen Spielhälfte. Das Prinzip, wonach in regionalen Ligen die Teilnehmer für die Endrunde zur Deutschen Meisterschaft ermittelt wurden, bewährte sich.

Schließlich bildeten sich zwischen 1945 und 1947 die vier Oberligen Süd, Südwest, West und Nord als höchste Spielklassen und ermittelten ab der Saison 1947/48 auch wieder ihre Teilnehmer an der Endrunde zur Deutschen Meisterschaft. Doch obwohl – oder gerade weil – sich der Fußball mittlerweile größter Beliebtheit erfreute und spätestens nach dem Weltmeistertitel der Nationalmannschaft 1954 in Bern zum Volkssport Nummer eins geworden war, blieb das Modell der Oberligen als höchster Spielklasse nicht lange bestehen. 1963 war Schluss, als die erste nationale Fußball-Liga mit anfangs 16 Clubs aus der Taufe gehoben wurde.
Die Bundesliga war geboren.

1974	zweiter WM-Titel nach einem 2:1-Sieg über die Niederlande in München
1974	Einführung der 2. Bundesliga mit den Staffeln Nord und Süd
1974	TuS Wörrstadt wird erster deutscher Frauenfußball-Meister
1978	Einführung der Amateuroberligen als dritte Spielklasse
1980	zweiter EM-Titel nach 2:1-Sieg über Belgien in Rom
1981	die 2. Bundesliga wird eingleisig
1982	erstes offizielles Spiel einer deutschen Frauen-Nationalmannschaft in Koblenz gegen die Schweiz (5:1)
1985	Festlegung auf Berlin als jährlicher Austragungsort des DFB-Pokalfinals
1988	erste Europameisterschaft in Deutschland
1989	erster EM-Titel der Frauen nach einem 4:1-Sieg über Norwegen in Osnabrück
1990	dritter WM-Titel nach 1:0-Sieg über Argentinien in Rom
1990	Zusammenschluss des Deutschen Fußball-Bundes (DFB) und des Nordostdeutschen Fußballverbandes nach Auflösung des Deutschen Fußballverbandes (DFV) der DDR
1990	Einführung der Frauen-Bundesliga
1991	die Clubs auf dem Gebiet der ehemaligen DDR werden in das westdeutsche Ligensystem eingegliedert
1991	zweiter EM-Titel der Frauen nach einem 3:1-Sieg nach Verlängerung über Norwegen in Aalborg (Dänemark)
1994	die Regionalligen Nord, Nordost, West und Süd ersetzen die Amateuroberligen als dritthöchste Spielklasse
1995	dritter EM-Titel der Frauen nach einem 3:2-Sieg über Schweden in Kaiserslautern
1996	dritter EM-Titel nach einem 2:1-Sieg durch Golden Goal gegen Tschechien in London
1997	vierter EM-Titel der Frauen nach einem 2:0-Sieg über Italien in Oslo
2000	die vier Regionalligen werden zu den Regionalligen Nord und Süd zusammengelegt
2000	Selbstständigkeit des deutschen Profifußballs durch Gründung des Ligaverbandes
2001	Einrichtung der DFL Deutsche Fußball Liga für die Organisation und Vermarktung des deutschen Profifußballs
2001	fünfter EM-Titel der Frauen nach einem 1:0-Sieg nach Golden Goal über Schweden in Ulm
2003	erster WM-Titel der Frauen nach einem 2:1-Sieg über Schweden in Carson (USA)
2005	sechster EM-Titel der Frauen nach einem 3:1-Sieg über Norwegen in Blackburn
2006	zweite Weltmeisterschaft in Deutschland
2007	zweiter WM-Titel der Frauen nach einem 2:0-Sieg über Brasilien in Schanghai
2008	Einführung der eingleisigen 3. Liga
2009	siebter EM-Titel der Frauen nach einem 6:2-Sieg über England in Helsinki

Sternstunden
und Schattenseiten

Denkwürdige Momente, spektakuläre Szenen, diskussionswürdige Entscheidungen. Die Bundesliga hat in ihrer fast 48-jährigen Geschichte zahlreiche Anekdoten und Sternstunden geliefert: Märchen, Dramen, Heldensagen. Hier sind sieben der unglaublichsten und bewegendsten Bundesliga-Geschichten.

Tor Nummer 1

1963 Heute wird jeder Pass gezählt, jeder Einwurf statistisch festgehalten und jede auch nur annähernd interessante Szene aus verschiedenen Blickwinkeln von mehreren Kameras detailliert aufgezeichnet. Aufwand, der zum Bundesliga-Start noch nicht betrieben wurde.

Als Friedhelm „Timo" Konietzka am 1. Spieltag der Saison 1963/64 nach 35 Sekunden im Bremer Weser-Stadion mit dem 1:0 für Borussia Dortmund einen Treffer für die Ewigkeit erzielte, war keine Fernsehkamera dabei, und auch den Fotografen gelang es nicht, das Tor zu dokumentieren. Sie hatten sich allesamt hinter dem Dortmunder Tor versammelt, da der SV Werder Bremen als klarer Favorit in das Spiel gegangen war und die Strafraumszenen auf der Gegenseite erwartet worden waren. Eine Fehleinschätzung, die daran Schuld ist, dass es vom ersten Tor der Bundesliga-Geschichte keine Bilder gibt.

Jahre später stellten die Beteiligten den Treffer noch einmal nach, doch Original-Aufnahmen vom ersten Saisontorschützen Konietzka gibt es nur aus dem Jahr 1965, als ihm – mittlerweile im Trikot des TSV München 1860 – am 1. Spieltag im Stadtderby gegen den FC Bayern München mit dem 1:0 in der 1. Minute erneut der Premierentreffer einer Spielzeit gelang.

Herr Canellas schockt die Liga

1971 Horst Gregorio Canellas sitzt in seinem Garten und zieht genüsslich an seiner Zigarette, während die Gäste an diesem 6. Juni 1971 nicht glauben wollen, was ihre Ohren zu hören bekommen. Zu seinem 50. Geburtstag hat der Präsident von Kickers Offenbach in sein Haus gebeten und spielt der Feiergesellschaft, darunter zahlreiche Journalisten und DFB-Vertreter, auf einem Tonbandgerät mitgeschnittene Telefonate vor. Sie dokumentieren eine der dunkelsten Stunden des deutschen Fußballs: den Bundesliga-Skandal.

Die Gespräche mit den beiden Spielern von Hertha BSC Berlin, Tasso Wild und Bernd Patzke, sowie der Anruf bei Manfred Manglitz, dem Torhüter des 1. FC Köln, beweisen: Der Abstiegskampf der einen Tag zuvor beendeten Saison war maßgeblich von Schmiergeldzahlungen beeinflusst worden. Nationaltrainer Helmut Schön verlässt angewidert die Feier und der DFB nimmt prompt die Ermittlungen auf. Die erschreckende Erkenntnis: Spiele waren gegen Bezahlung absichtlich oder nur deshalb nicht verloren worden, weil von Konkurrenten im Abstiegskampf zuvor Gelder erpresst worden waren.

Betrug in der Bundesliga. Zehn der 18 Bundesliga-Clubs und mehr als 60 Spieler waren beteiligt. Zu Sperren und/oder Strafzahlungen wurden am Ende 52 Spieler, zwei Trainer und sechs Funktionäre verurteilt, die Spiele von DSC Arminia Bielefeld der kommenden Saison wurden allesamt für den Gegner gewertet und die Ostwestfalen, die von allen beteiligten Clubs am tiefsten im Manipulationssumpf steckten, wurden in die Regionalliga zwangsversetzt. Dort trafen sie dann unter anderem auf Rot-Weiss Essen, das 1971 als Tabellenletzter abgestiegen war, weil man sich nicht an den Bestechungen beteiligt hatte. Nicht die einzige Ungerechtigkeit, da die Ergebnisse der manipulierten Spiele nicht annulliert wurden und auch Canellas trotz der Aufdeckung auf Lebenszeit gesperrt und erst nach fünf Jahren begnadigt wurde.

BUNDESLIGA

Uwe Reinders
und das **Tor**
per Einwurf

1982 Selten hat die Bundesliga in fast 50 Jahren ein so kurioses Tor gesehen. Es passierte gleich zum Auftakt der Saison 1982/83 am 21. August im Bremer Weserstadion: Kurz vor der Halbzeit brachte der Bremer Uwe Reinders den Ball über 38 Meter mit einem Einwurf zurück ins Spiel. Torhüter Jean-Marie Pfaff war davon offensichtlich total überrascht. Jedenfalls konnte der Belgier den Ball nur noch mit den Fingerspitzen erreichen – und von dort flog der Ball ins Bayern-Tor zum entscheidenden 1:0 für Werder. Hätten Pfaff und auch kein anderer Spieler aus Bremen oder München ihn nicht berührt, wäre der Treffer den Regeln entsprechend nicht anerkannt worden. So aber wird dem Spaßvogel im Tor des FC Bayern dieser unbeabsichtigte Streich in seinem ersten Bundesliga-Spiel überhaupt ewig in Erinnerung bleiben.

Jablonski
und das
Phantomtor

1994 Da stand er nun und musste sich vor Fassungslosigkeit am Pfosten festhalten. Selbst Nürnbergs Torwart Andreas Köpke zeigte Mitleid mit dem Abwehrspieler des FC Bayern München und gab ihm einen aufmunternden Klaps auf den Hinterkopf. Thomas Helmer hatte es aus wenigen Zentimetern Entfernung fertiggebracht, den Ball unkontrolliert mit der Hacke am Torpfosten vorbei ins Aus zu schieben.

Vielleicht wollte auch Jörg Jablonski sein Mitgefühl ausdrücken. Der Schiedsrichter-Assistent, damals noch Linienrichter genannt, zeigte zur Überraschung aller ein Tor für den FC Bayern München an, und Schiedsrichter Hans-Joachim Osmers schloss sich dieser Meinung an. Eine krasse Fehlentscheidung, die am 23. April 1994 möglicherweise sogar über Meisterschaft und Abstieg in der Saison 1993/94 entschied. Mit 2:1, inklusive dem Phantomtor, gewannen die Münchner diese Partie vom 32. Spieltag. Bei einem Unentschieden wäre statt des FC Bayern am Ende der 1. FC Kaiserslautern Deutscher Meister geworden und an Stelle des 1. FC Nürnberg wäre der SC Freiburg abgestiegen.

Das vom DFB angesetzte Wiederholungsspiel gewannen die Münchner dann aber deutlich und mit fünf einwandfrei regulären Treffern 5:0.

Rudi Völlers fragenden Blicken weicht pure Freude, nachdem Schiedsrichter Dieter Pauly das Einwurftor von Uwe Reinders (nicht im Bild) anerkennt. Im Hintergund Torwart Jean-Marie Pfaff.

Der dramatische Abstiegs-Krimi

Olaf Janßen (Eintracht Frankfurt) gegen Ciriaco Sforza (1. FC Kaiserslautern) am denkwürdigen 29.5.1999

1999 So ein dramatisches Finale hatte die Bundesliga noch nicht erlebt. Sogar Hunderte Fans und Journalisten aus dem Ausland saßen am 34. Spieltag der Saison 1998/1999 in den Stadien, um den Abstiegskrimi live vor Ort zu verfolgen. Wer würde Borussia Mönchengladbach und den VfL Bochum 1848 in die 2. Bundesliga begleiten?

Gleich fünf Mannschaften mussten an diesem 29. Mai noch um den Klassenerhalt zittern. Fünf Mannschaften, von denen der 1. FC Nürnberg mit 37 Punkten die besten Rettungschancen besaß. Der Abstand auf Eintracht Frankfurt umfasste drei Punkte und eine um fünf Treffer bessere Tordifferenz.

Der VfB Stuttgart zieht seinen Kopf mit einem schnellen Tor gegen den SV Werder Bremen früh aus der Schlinge und rettet sich mit 39 Punkten. Auch der SC Freiburg kommt zur Halbzeitpause dank einer 2:0-Führung in Nürnberg auf diese Punktemarke. Um 16.15 Uhr werden die Nürnberger in der Tabelle auch noch vom F.C. Hansa Rostock überholt, der mit 1:0 in Bochum vorne liegt und sein Punktekonto auf 38 aufstockt. Dennoch rangiert der 1. FC Nürnberg immer noch zwei Zähler und drei Tore vor Frankfurt, das in den ersten 45 Minuten nur zu einem 0:0 gegen den 1. FC Kaiserslautern gekommen war. Auch 20 Minuten vor dem Abpfiff steht es im Frankfurter Waldsta-

dion noch unentschieden (1:1). Und als Stefan Kuntz und Peter Peschel in Bochum zum 2:1 für den VfL Bochum treffen, ist Hansa Rostock – Stand 16.58 Uhr – abgestiegen, da Eintracht Frankfurt zeitgleich durch Thomas Sobotzik das 2:1 erzielt. Dann aber überschlagen sich die Ereignisse: Rostock dreht das Spiel wieder durch einen Doppelschlag von Victor Agali (77.) und Slawomir Majak (82.), und auch die Frankfurter blasen nun zur Aufholjagd. Sobotziks Tor folgen die Treffer von Marco Gebhardt (80.) und Bernd Schneider (82.) zum 4:1! Die Hessen schließen nach Punkten und Toren zu den Nürnbergern auf und bleiben um 17.08 Uhr aufgrund der mehr erzielten Treffer in der Bundesliga. Allerdings nur für kurze Zeit, da Marek Nikl in Nürnberg fünf Minuten vor Schluss den erlösenden Treffer erzielt. Der Schlusspunkt? Nein. Während Frank Baumann nach einem Pfostenschuss von Nikl in der 89. Minute den 2:2-Ausgleich für den Club vergibt, trifft Jan-Age Fjörtoft nach tollem Sololauf von Christoph Westerthaler und einem sehenswerten Übersteiger fast zeitgleich für Frankfurt um 17.15 Uhr zum 5:1, was endgültig den Klassenerhalt bedeutet. Der 1. FC Nürnberg ist am Ende der große Verlierer an diesem an Spannung und Dramatik nicht zu toppenden Nachmittag.

Der Meister der Herzen

2001 Am 34. Spieltag der Saison 2000/2001 sah der FC Bayern bereits wieder einmal wie der sichere Titelträger aus, ehe Sergej Barbarez in der 90. Minute das 1:0 für den Hamburger SV erzielte, den Münchnern die

19.5.2001: Das späte Bayern-Tor in Hamburg sorgt für Trauer auf Schalke.

Meisterschale offenbar noch entriss und dem FC Schalke 04 den ersten Meistertitel seit 43 Jahren beschert zu haben schien. Schalke hatte sein Spiel parallel mit 5:3 gegen die SpVgg Unterhaching gewonnen. Als TV-Reporter Rolf Fuhrmann den Gelsenkirchenern am Spielfeldrand berichtete, dass die Partie des Konkurrenten in Hamburg beendet sei, gab es im Gelsenkirchener Parkstadion kein Halten mehr. Der Platz wurde gestürmt, Tränen der Freude flossen, Jubeltänze wurden zelebriert und auf dem Rasen vereinten sich Fans, Spieler und Offizielle zu einem einzigen blau-weißen Knäuel. Anhänger begannen, sich Rasenstücke und Tornetzfetzen als Andenken zu sichern. Bis auf der Videoleinwand Livebilder aus Hamburg eingeblendet wurden und der Meistertaumel Entsetzen wich, als Mathias Schober, vom FC Schalke 04 zum Hamburger SV verliehener Torwart, im Strafraum einen Rückpass mit den Händen aufgenommen hatte, statt den Ball wegzuschlagen. Schiedsrichter Markus Merk blieb nichts anderes übrig, als acht Meter vor dem Hamburger Tor auf indirekten Freistoß zu entscheiden. Stefan Effenberg, Kapitän des FC Bayern, tippte den Ball an, Patrik Andersson schoss – und traf.

1:1 – die Partie wurde nicht mehr angepfiffen. „Ein brutaler Genickschlag", meinte Schalkes Manager Rudi Assauer und begann gemeinsam mit vielen Tausenden hemmungslos zu weinen. Der FC Bayern München hatte sich die verloren gegangene Meisterschaft in der vierten Minute der Nachspielzeit doch noch zurückgeholt und die Schalker zum Meister der Herzen gemacht. Ein Etikett, das den Königsblauen bis heute anhaftet.

Carola macht das Licht aus

2004 Zum Saisonauftakt 2004 empfängt der amtierende Deutsche Meister SV Werder Bremen den FC Schalke 04 – oder auch nicht. Drei Minuten vor dem Anpfiff um 20.30 Uhr bricht wegen eines Kurzschlusses in einer Kabelmuffe nahe des Weser-Stadions ein Großteil der Stromversorgung zusammen. Das Fernsehen kann nicht mehr übertragen und in der Arena funktioniert nur noch ein Teil des Flutlichts. Als sich die Verantwortlichen um 21.15 Uhr dazu entschließen, die Begegnung ohne TV-Bilder anzupfeifen, gehen auch an den vier großen Masten die letzten Glühbirnen aus. Während die Fans im Stadion Laterne-Lieder anstimmen und Feuerzeuge und Handy-Displays schwenken, gelingt die Wiederherstellung der Stromversorgung dann doch noch. Unter dem Jubel der Zuschauer gehen nach 15 Minuten völliger Finsternis wieder die Lampen an. Schiedsrichter Stefan Trautmann pfeift das Spiel mit 65-minütiger Verspätung an, Nelson Valdez sichert den Bremern mit seinem Treffer um 23.13 Uhr den 1:0-Sieg, und die Kabelmuffe namens Carola landet im WUSEUM, dem Bremer Club-Museum.

6.8.2004, 23.13 Uhr: Nelson Valdez (SV Werder Bremen) erzielt das späteste Tor der Bundesliga-Geschichte.

Die „Boomdesliga"
Eine Erfolgsgeschichte

Mehr als 40.000 Zuschauer sehen sich im Durchschnitt eine Bundesliga-Partie im Stadion an, mehr als 15.000 sind es in der 2. Bundesliga. Zwei Milliarden Euro setzen die 36 Clubs jährlich um und beschäftigen etwa 40.000 Menschen. Die Liga wächst und sorgt in vielen Bereichen nahezu jährlich für immer neue Rekordmarken.

Zuschauer

Am Anfang besuchten mehr als 27.000 Zuschauer die Spiele der Bundesliga durchschnittlich in ihrem Premierenjahr. Bis in die Siebzigerjahre pendelten die Zahlen stets zwischen 20.000 und 30.000 Besuchern pro Begegnung, ehe die Spielklasse – vor allem auch auf Grund des Bundesliga-Skandals – an Beliebtheit zu verlieren begann. In der Saison 1972/73 kamen nur noch durchschnittlich 17.407 Fans zu einem Bundesliga-Spiel. Der Tiefpunkt war erreicht. Seitdem steigen die Zahlen stetig und konnten bis heute – befördert durch den Bau neuer Arenen zur Weltmeisterschaft 2006 – mehr als verdoppelt werden. Seit der Saison 2005/2006 begrüßten allein Borussia Dortmund, der FC Bayern München und der FC Schalke 04 in jeder Saison je mehr als eine Million Besucher. Der Zuschauerschnitt liegt in der Bundesliga konstant über 40.000. In der Serie 2009/10 waren es exakt 42.490. Auch die 2. Bundesliga hat seit ihrer Einführung im Jahr 1974 deutlich an Beliebtheit gewonnen. Waren es im Premierenjahr pro Jahr noch 6.818 Zuschauer (Nord) bzw. 8.315 Zuschauer (Süd), welche die Spiele besuchten, hat sich diese Zahl bis heute verdoppelt (15.113).

Umsatz

Jahrzehntelang lebten die Clubs fast ausschließlich von den Zuschauereinnahmen. Heute spielen die Gewinne aus den Tickets nicht mehr die entscheidende Rolle. Entscheidender im Stadion ist die Vermarktung des „Hospitality-Bereichs" mit Logen und sogenannten Business-Seats, zusätzlich zu den Sponsoren, den Verkäufen auf dem Fanartikel-Sektor und vor allem den Geldern aus der TV-Vermarktung. All das ließ die Umsatzzahlen immer

Eine der VIP-Logen in der Hannoveraner AWD-Arena

höher klettern. In der Saison 2009/2010 erzielten allein die 18 Bundesligisten Erlöse von 1,7 Milliarden Euro, die Clubs der 2. Bundesliga kamen auf 331 Millionen Euro. Damit überschritt der Umsatz der 36 Clubs zum zweiten Mal in Folge in der Geschichte des deutschen Profifußballs die Zwei-Milliarden-Grenze.

Sponsoring

Auf dem Werbesektor nehmen die 36 Clubs etwa 515 Millionen Euro pro Saison ein. Als erster Club lief Eintracht Braunschweig in der Rückrunde der Saison 1972/1973 mit Werbung auf der Brust auf. Für das Tragen des Hirschkopf-Logos seines Kräuterlikörs Jägermeister bezahlte Unternehmer Günter Mast den Niedersachsen jährlich 100.000 Mark. Schon in der darauffolgenden Saison wurde das Werbemodell vom Hamburger SV (Campari), Fortuna Düsseldorf (Allkauf), Eintracht Frankfurt (Remington) und dem MSV Duisburg (Brian Scott) kopiert.

Verbreitung

Heute kann der Fernsehzuschauer sich selbst durch die Stadien zappen. Sky und LIGA total! übertragen alle Bundesliga-Spiele live ins heimische Wohnzimmer, einzeln und in der Konferenz. Alle Spiele, alle Tore – plus Zusammenfassungen und Analysen, die auch die öffentlich-rechtlichen Sender ARD und ZDF sowie der Spartensender Sport1 anbieten.

Bis 1988 hatten die Fans noch bis zum späten Samstagabend warten müssen, ehe im Aktuellen Sportstudio des ZDF Bilder von allen Spielen gezeigt wurden. Die ARD-Sportschau, die damals wie heute kurz nach Spielende ausgestrahlt wurde, beschränkte ihre zusammenfassende Berichterstattung jahrzehntelang auf lediglich drei ausgewählte Partien.

Ab 1988 sicherte sich der Privatsender RTL die Erstverwertungsrechte. Vier Jahre lang lief die Bundesliga bei „Anpfiff", ehe Sat.1 mit seiner Sendung „ran" die Rechte erwarb und neue Maßstäbe setzte. Von 1992 bis 2001 wurde die Bundesliga moderner und mit unterhaltsamen Elementen präsentiert, mit erhöhtem technischem Aufwand und bis zu 18 Kameras bei jedem Spiel. Seit acht Jahren ist die Sportschau wieder der Erstverwerter im Free-TV.

Die 2. Bundesliga ist ebenfalls komplett live zu sehen. Durch die Einführung des Montagsspiels 1994, das wie bei Sky auch live beim Privatsender Sport1 (früher DSF) im frei empfangbaren Fernsehen läuft, erfuhr die Liga gesteigerte Aufmerksamkeit. Sport1 zeigt bis heute alle Spiele in der Zusammenfassung.

Abseits der Verbreitung im TV stellt die Berichterstattung im Radio seit 1963 eine feste Größe dar. Die Konferenzschaltung am Samstagnachmittag ist trotz des gewachsenen Angebots sehr beliebt geblieben und für viele Fans Kult.

Bedeutung

Bis zu den Neunzigerjahren galt der Fußball als Sport des einfachen Mannes, die Zuschauer in den Bundesligastadien kamen mehrheitlich aus der unteren und mittleren sozialen Schicht und waren männlich. Heute zieht sich das Interesse an der Bundesliga durch alle gesellschaftlichen Bereiche, Altersklassen, Bildungsschichten und ist geschlechtsunabhängig. Der Anteil an Frauen in Stadien steigt seit Jahren an. Mittlerweile sind fast 25% aller Stadionbesucher weiblich. Vor allem die im Vorfeld der WM 2006 gebauten Stadien haben neue Zuschauerschichten in die vollständig überdachten Arenen gelockt. Fußball ist zum Event geworden, die VIP-Bereiche wachsen wie auch Komfort und Sicherheit im Gesamtbereich der Spielstätten. Für zahlreiche Anhänger bedeutet der Club immer noch den Lebensmittelpunkt, ist Passion und Religion.

Hier spielt die

Bundesliga

2010/2011

Hamburger SV

FC St. Pauli

SV Werder Bremen

VfL Wolfsburg

FC Schalke 04

Borussia Dortmund

Hannover 96

Borussia Mönchengladbach

Bayer 04 Leverkusen

1. FC Köln

Eintracht Frankfurt

1. FSV Mainz 05

1. FC Kaiserslautern

1899 Hoffenheim

1. FC Nürnberg

VfB Stuttgart

SC Freiburg

FC Bayern München

Alle Meister seit 1964

2010	FC Bayern München
2009	VfL Wolfsburg
2008	FC Bayern München
2007	VfB Stuttgart
2006	FC Bayern München
2005	FC Bayern München
2004	SV Werder Bremen
2003	FC Bayern München
2002	Borussia Dortmund
2001	FC Bayern München
2000	FC Bayern München
1999	FC Bayern München
1998	1. FC Kaiserslautern
1997	FC Bayern München
1996	Borussia Dortmund
1995	Borussia Dortmund
1994	FC Bayern München
1993	SV Werder Bremen
1992	VfB Stuttgart
1991	1. FC Kaiserslautern
1990	FC Bayern München
1989	FC Bayern München
1988	SV Werder Bremen
1987	FC Bayern München
1986	FC Bayern München
1985	FC Bayern München
1984	VfB Stuttgart
1983	Hamburger SV
1982	Hamburger SV
1981	FC Bayern München
1980	FC Bayern München
1979	Hamburger SV
1978	1. FC Köln
1977	Borussia Mönchengladbach
1976	Borussia Mönchengladbach
1975	Borussia Mönchengladbach
1974	FC Bayern München
1973	FC Bayern München
1972	FC Bayern München
1971	Borussia Mönchengladbach
1970	Borussia Mönchengladbach
1969	FC Bayern München
1968	1. FC Nürnberg
1967	Eintracht Braunschweig
1966	TSV München 1860
1965	SV Werder Bremen
1964	1. FC Köln

Der Rekordmeister
und seine Verfolger (seit 1964)

21 Meisterschaften:	**FC Bayern München**
5 Meisterschaften:	Borussia Mönchengladbach
4 Meisterschaften:	SV Werder Bremen
3 Meisterschaften:	Hamburger SV
3 Meisterschaften:	Borussia Dortmund
3 Meisterschaften:	VfB Stuttgart
2 Meisterschaften:	1. FC Köln
2 Meisterschaften:	1. FC Kaiserslautern
1 Meisterschaft:	TSV München 1860
1 Meisterschaft:	Eintracht Braunschweig
1 Meisterschaft:	1. FC Nürnberg
1 Meisterschaft:	VfL Wolfsburg

Spieler

1.	Karl-Heinz Körbel (Eintracht Frankfurt)	602
2.	Manfred Kaltz (Hamburger SV)	581
3.	Oliver Kahn (FC Bayern München)	557
4.	Klaus Fichtel (FC Schalke 04)	552
5.	Mirko Votava (SV Werder Bremen)	546
6.	Klaus Fischer (FC Schalke 04)	535
7.	Eike Immel (VfB Stuttgart)	534
8.	Willi Neuberger (Eintracht Frankfurt)	520
9.	Michael Lameck (VfL Bochum 1848)	518
10.	Uli Stein (Hamburger SV)	512

Ab 1972 spielte **Karl-Heinz Körbel** in der Bundesliga. Kurz vor dem Ende seiner Karriere, die er komplett bei Eintracht Frankfurt verbrachte, wurde er am 24.5.1991 für sein 600. Bundesliga-Spiel geehrt.

Die meisten Spiele

Rekordhalter der Bundesliga

14 Jahre lang war **Otto Rehhagel** Trainer des SV Werder Bremen. 1988 und 1993 gewann er mit seinem Team die Deutsche Meisterschaft.

Trainer

1.	Otto Rehhagel (SV Werder Bremen)	824
2.	Erich Ribbeck (Eintracht Frankfurt)	569
3.	Jupp Heynckes (Borussia Mönchengladbach)	542
4.	Udo Lattek (FC Bayern München)	522
5.	Hennes Weisweiler (Borussia Mönchengladbach)	470
6.	Ottmar Hitzfeld (FC Bayern München)	461
7.	Friedhelm Funkel (Eintracht Frankfurt)	459
8.	Felix Magath (VfB Stuttgart)	421
9.	Christoph Daum (1. FC Köln)	419
10.	Karl-Heinz Feldkamp (1. FC Kaiserslautern)	414

Schiedsrichter

1.	Dr. Markus Merk	338
2.	Herbert Fandel	247
3.	Hellmut Krug	239
4.	Wolfgang Stark	223
5.	Lutz Michael Fröhlich	201
6.	Edgar Steinborn	199
7.	Lutz Wagner	197
8.	Hermann Albrecht	192
9.	Florian Meyer	189
10.	Dr. Helmut Fleischer	174

Dr. Markus Merk leitete sein letztes Bundesliga-Spiel am 17.5.2008. Nach dem Abpfiff tauschte er sein Trikot mit dem Torwart des FC Bayern München, Oliver Kahn, der an diesem Nachmittag ebenfalls zum letzten Mal auf dem Platz gestanden hatte.

Die Ewige Tabelle der Bundesliga

		Jahre	Spiele	G	U	V	Tore	Punkte
1.	FC Bayern München	45	1.534	865	362	307	3.254:1.781	2.957
2.	SV Werder Bremen	46	1.560	688	383	489	2.688:2.175	2.447
3.	Hamburger SV	47	1.594	667	431	496	2.636:2.215	2.432
4.	VfB Stuttgart	45	1.526	653	377	496	2.600:2.165	2.336
5.	Borussia Dortmund	43	1.458	602	388	468	2.478:2.152	2.194
6.	Borussia M'gladbach	42	1.432	569	387	476	2.478:2.121	2.094
7.	1. FC Köln	41	1.390	572	350	468	2.373:2.033	2.066
8.	1. FC Kaiserslautern	42	1.424	558	354	512	2.276:2.239	2.025
9.	FC Schalke 04	42	1.424	550	365	509	2.083:2.061	2.015
10.	Eintracht Frankfurt	42	1.424	529	361	534	2.296:2.218	1.946
11.	Bayer 04 Leverkusen	31	1.058	431	306	321	1.752:1.432	1.599
12.	VfL Bochum 1848	34	1.160	356	306	498	1.602:1.887	1.374
13.	Hertha BSC	29	978	365	246	367	1.428:1.495	1.341
14.	MSV Duisburg	28	948	296	259	393	1.291:1.520	1.147
15.	1. FC Nürnberg	28	948	300	240	408	1.241:1.515	1.140
16.	Karlsruher SC	24	812	241	230	341	1.093:1.408	953
17.	Fortuna Düsseldorf	22	752	238	206	308	1.121:1.329	920
18.	TSV München 1860	20	672	238	170	264	1.022:1.059	884
19.	Eintr. Braunschweig	20	672	236	170	266	908:1.026	878
20.	Hannover 96	22	744	221	194	329	1.043:1.280	857
21.	VfL Wolfsburg	13	442	169	109	164	676:654	616
22.	DSC Arminia Bielefeld	16	544	153	139	252	645:883	598
23.	KFC Uerdingen	14	476	138	129	209	644:844	543
24.	F.C. Hansa Rostock	12	412	124	107	181	492:621	479
25.	SC Freiburg	11	374	113	91	170	472:605	430
26.	SV Waldhof Mannheim	7	238	71	72	95	299:378	285
27.	Kickers Offenbach	7	238	77	51	110	368:486	282
28.	Rot-Weiss Essen	7	238	61	79	98	346:483	262
29.	FC St. Pauli	7	238	50	75	113	261:417	225
30.	FC Energie Cottbus	6	204	56	43	105	211:338	211
31.	1. FSV Mainz 05	4	136	41	39	56	166:201	162
32.	Alemannia Aachen	4	136	43	28	65	186:270	157
33.	SG Wattenscheid 09	4	140	34	48	58	186:248	150
34.	1. FC Saarbrücken	5	166	32	48	86	202:336	144
35.	Dynamo Dresden	4	140	33	45	62	132:211	140
36.	Rot-Weiß Oberhausen	4	136	36	31	69	182:281	139
37.	Wuppertaler SV	3	102	25	27	50	136:200	102
38.	1899 Hoffenheim	2	68	26	19	23	107:91	97
39.	Borussia Neunkirchen	3	98	25	18	55	109:223	93
40.	FC 08 Homburg	3	102	21	27	54	103:200	90
41.	SpVgg Unterhaching	2	68	20	19	29	75:101	79
42.	Stuttgarter Kickers	2	72	20	17	35	94:132	77
43.	SV Darmstadt 98	2	68	12	18	38	86:157	54
44.	Tennis Borussia Berlin	2	68	11	16	41	85:174	49
45.	SSV Ulm 1846	1	34	9	8	17	36:62	35
46.	Fortuna Köln	1	34	8	9	17	46:79	33
47.	Preußen Münster	1	30	7	9	14	34:52	30
48.	Blau-Weiß 90 Berlin	1	34	3	12	19	36:76	21
49.	VfB Leipzig	1	34	3	11	20	32:69	20
50.	Tasmania Berlin	1	34	2	4	28	15:108	10

Aushängeschild und Maß aller Dinge

„FC Bayern, Stern des Südens, du wirst niemals untergeh'n. Weil wir in guten wie in schlechten Zeiten zueinander steh'n." Eine Textzeile aus dem offiziellen Clublied „Stern des Südens", über deren Wahrheitsgehalt in einer Hinsicht nur spekuliert werden kann. Denn sportlich wirklich schlechte Zeiten haben die Fans der Münchner in den vergangenen Jahrzehnten nicht mitgemacht. Ein zwölfter Tabellenplatz 1978 und zweimal Rang zehn, 1975 und 1992, sind die schlechtesten Platzierungen des Clubs. Dem steht eine einmalige Erfolgsbilanz gegen-

über: 22 Deutsche Meisterschaften, davon 21 in Bundesliga-Zeiten errungen, 15 DFB-Pokalsiege und sechs Ligapokal-Triumphe sowie drei Supercup-Erfolge. Damit ist der größte und bedeutendste deutsche Fußball-Club in allen vier Wettbewerben Rekordsieger und führt die Ewige Tabelle der Bundesliga mit großem Vorsprung an.

Rückblickend ist es daher kaum vorstellbar, dass der FC Bayern 1963 nicht zur neu gegründeten Bundesliga zugelassen wurde. Erst 1965 stiegen die Roten auf. In der Regionalliga Süd wurde dank der 33 Treffer von Gerd Müller, bis heute Rekordtorjäger der Bundesliga (365 Treffer) und der deutschen Nationalmannschaft (68), mit einem Torverhältnis von 146:32 die Meisterschaft gewonnen und Tennis Borussia Berlin in der Aufstiegsrunde mit 8:0 deklassiert.

Der Beginn einer nicht endenden Erfolgsgeschichte, die vor allem auch durch kluge, für den Fußball insgesamt zukunftsweisende Vereinsarbeit geprägt ist. Zunächst war es Robert Schwan, der erste professionelle Manager im deutschen Fußball, der mit kaufmännischem Geschick und neuen Ideen den Kurs in Richtung Spitzenclub begründete. Ein Weg, der durch Uli Hoeneß weiter ausgebaut wurde. Der Welt- und Europameister prägte den FC Bayern München während seiner 30 Jahre dauernden Amtszeit maßgeblich. Auch andere verdiente Spieler, von Franz Beckenbauer über den jetzigen Vorstandsvorsitzenden Karl-Heinz Rummenigge und Sportdirektor Christian Nerlinger bis hin zu Torhüter Raimond Aumann als Fanbeauftragtem, blieben dem FC Bayern in unterschiedlichen Funktionen erhalten.

Der FC Bayern München: im deutschen Profifußball das Maß aller Dinge und international ein Aushängeschild.

Maskottchen Berni

Wer hätte das gedacht?

Gleich im ersten Spiel, am 6. Juni 1964, beim 4:0-Aufstiegsrundensieg gegen den FC St. Pauli, traf Franz Beckenbauer für seinen neuen Club. 18 Jahre jung war er damals und sollte zu einem der weltbesten Spieler aller Zeiten und anschließend erfolgreicher Trainer und Funktionär werden.  Der Spieler Beckenbauer gewann Europapokale, Deutsche Meisterschaften, den DFB-Pokal, wurde Europameister und Weltmeister, was ihm 1990 auch als Teamchef mit der deutschen Nationalelf gelang. Der „Kaiser" triumphierte mit dem FC Bayern München im UEFA-Pokal und gewann neben der deutschen mit Olympique Marseille auch die französische Meisterschaft. Als Präsident des Organisationskomitees holte er die WM 2006 nach Deutschland.

Für den FC Bayern München wurde Beckenbauer zum Glücksfall, obwohl er ursprünglich geplant hatte, zu den damals erfolgreicheren „Löwen" zu wechseln. Als er jedoch bei einem Spiel mit seinem damaligen Club, dem SC 1906 München, gegen den TSV München 1860 mit einem Gegenspieler aneinandergeriet, entschied er sich um und wechselte zum FC Bayern.

FC Bayern München
Säbener Str. 51-57
81547 München
www.fcbayern.de

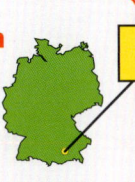
München

FC Bayern München

Gründung:	27.02.1900
Meisterschaften:	22
Pokalsiege:	15
Mitgliederzahl:	152.700
Meiste Pflichtspiele:	Sepp Maier (473)
Meiste Tore:	Gerd Müller (365)
Stadion:	Allianz Arena 69.901 Zuschauer

Heim- und
Auswärtstrikot:

Die Platzierungen 1993 bis 2010:

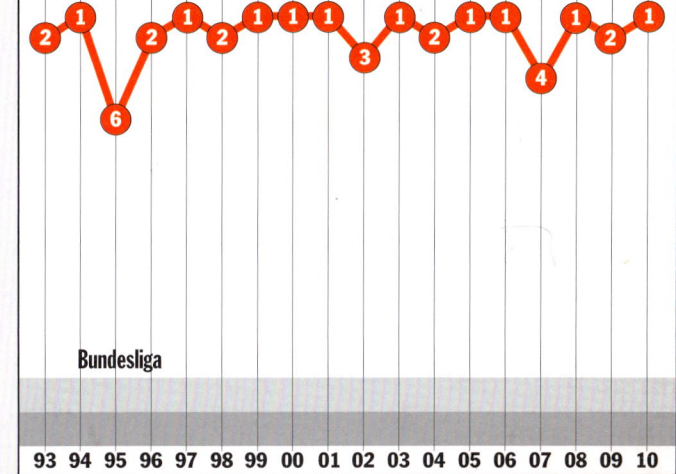

Bundesliga

93 94 95 96 97 98 99 00 01 02 03 04 05 06 07 08 09 10

Königsblaue
Knappen

Vier DFB-Pokalsiege und den Triumph im UEFA-Pokal hat der FC Schalke 04 in seiner Clubgeschichte feiern können. Die letzte der insgesamt sieben Deutschen Meisterschaften liegt allerdings schon einige Zeit zurück. Seit 1958 hofft die treue Fangemeinde des zweitgrößten deutschen Sportclubs auf den Titel, doch seitdem wollte es für den FC Schalke 04 mit der Meisterschale nicht klappen.

2001 war die begehrte Trophäe für den FC Schalke 04 zum Greifen nah, doch am Ende wurde man nur „Meister der Herzen". Die Knappen sahen sich am letzten Spieltag nach einem 5:3-Erfolg gegen die SpVgg Unterhaching schon am Ziel aller Träume, da Tabellenführer FC Bayern München tief in der Nachspielzeit beim Hamburger SV mit 0:1 zurücklag. Doch weil dem Schweden Patrik Andersson durch einen umstrittenen indirekten Freistoß in allerletzter Sekunde noch das Tor zum 1:1-Ausgleich gelang, feierten die Bayern, auf Schalke waren Mannschaft wie Fans am Boden zerstört.

Dennoch manifestierte sich in dieser Saison mit dem so bitteren Ende für die Knappen deren erneuter Aufstieg in die nationale Spitze. Bereits 1997 hatte der Gelsenkirchener Club aus dem Stadtteil Schalke im Finale gegen Inter Mailand den UEFA-Cup gewonnen, 2001 und 2002 holte man den DFB-Pokal, 2005 und 2007 wurde man erneut Vizemeister. In der inzwischen entstandenen multifunktionalen Arena schaffte das Team 2009/2010 im ersten Jahr unter der Regie von Felix Magath einen sensationellen zweiten Platz und den Sprung in die UEFA Champions League. Magath, Trainer und Manager in Personalunion, arbeitete weiter an der personellen Umstrukturierung der Mannschaft um Kapitän und Nationaltorhüter Manuel Neuer.

Im Sommer 2010 gelang Magath ein besonderer Erfolg: Von Real Madrid holte er Weltstar Raúl – von den „Königlichen" zu den „Königsblauen".

Der Ausnahmespieler erwies sich schon bald als die erhoffte Verstärkung. Raúl spürte sogleich, wie sehr sich die Anhänger der „Knappen" nach der Meisterschale sehnen. „Wenn ich mir sportlich etwas wünschen dürfte, dann wäre das der Gewinn der Meisterschale", sagte der 102-malige spanische Nationalspieler. „Besonders den Schalke-Fans zuliebe hoffe ich, dass dieser Traum noch in Erfüllung geht."

Knappe Erwin ist das Schalker Maskottchen.

FC Schalke 04
Ernst-Kuzorra-Weg 1
45891 Gelsenkirchen
www.schalke04.de

Gelsenkirchen

Wer hätte das gedacht?

Ernst Kuzorra erblickte 1905 in Gelsenkirchen das Licht der Welt und starb dort 1990. Kuzorra ist das Idol des Stadtteilclubs und begründete mit seinem Schwager Fritz Szepan in den Zwanziger-, Dreißiger- und Vierzigerjahren den legendären „Schalker Kreisel". Dieser sah ein schnelles, direktes Kurzpassspiel vor. Die Spieler befanden sich immer in Bewegung um den ballführenden Spieler herum und boten diesem somit immer mehrere Anspielmöglichkeiten gleichzeitig.

Ein System mit Erfolg: Zwischen 1934 und 1942 gewannen die Schalker damit sechs Mal die Deutsche Meisterschaft.

Auch heute ist der „Schalker Kreisel" unverändert ein wichtiger Teil des Clublebens: So heißt seit 1969 die offizielle Stadion- und Vereinszeitschrift des Clubs. Seit der Spielzeit 2010/2011 ist sie ein exklusives Magazin für Vereinsmitglieder und bietet nun mehrmals im Jahr ausführliche Einblicke in das königsblaue Leben.

In der Veltins-Arena kann das Dach komplett geschlossen und die gesamte Rasenfläche aus dem Stadion manövriert werden.

FC Schalke 04

Gründung:	04.05.1904
Meisterschaften:	7
Pokalsiege:	4
Mitgliederzahl:	89.500
Meiste Pflichtspiele:	Klaus Fichtel (477)
Meiste Tore:	Klaus Fischer (182)
Stadion:	Veltins-Arena 61.673 Zuschauer
Heim- und Auswärtstrikot:	

Die Platzierungen 1993 bis 2010:

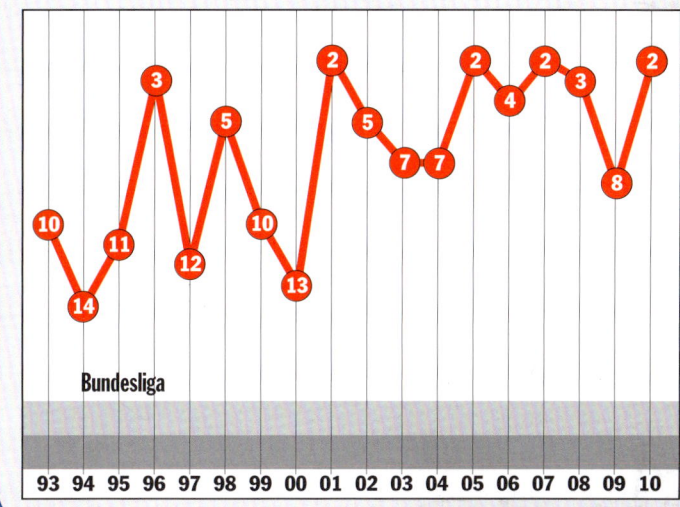

Bundesliga

93 94 95 96 97 98 99 00 01 02 03 04 05 06 07 08 09 10

Fußball voller Wunder – wundervoller Fußball

als Cheftrainer 1999 spielen lässt, begründen die große Sympathie und den Respekt, die der Club im Land genießt. 2004 holte Schaaf das einzige Double der Clubgeschichte, bestehend aus Deutscher Meisterschaft und DFB-Pokalsieg, nach Bremen und steht seitdem mit Otto Rehhagel auf einer Stufe. „König Otto von Bremen" hatte den Club von 1981 bis 1995 als Trainer nach dem Abstieg 1980 zurück in die Bundesliga geführt und gemeinsam mit Manager Willi Lemke schnell den nördlichen Gegenpol zum sehr erfolgreichen FC Bayern München geliefert. 1965, 1988, 1993 und 2004 wurden die Bremer Deutscher Meister. Immer wieder gelang es Rehhagel und Lemke unbekannte Spieler wie den Norweger Rune Bratseth oder Wynton Rufer aus Neuseeland erfolgreich ins Mannschaftsgefüge einzubauen. Rufer war es dann auch, der mit seinem Treffer zum 2:0 über den AS Monaco den größten Triumph der Clubgeschichte perfekt machte. Am 6. Mai 1992 gewann der SV Werder in Lissabon den Europapokal der Pokalsieger.

Eine Transferpolitik, an die vier Jahre nach Rehhagels Abschied angeknüpft wurde. Dem seit 1972 im Club arbeitenden Schaaf gelang es dadurch, gemeinsam mit dem neuen Geschäftsführer Profifußball Allofs, die zweite Glanzzeit der Bremer einzuläuten. Durch geschickte Neuverpflichtungen wie Claudio Pizarro und Miroslav Klose wurde die Mannschaft wieder in der Ligaspitze etabliert. Spieler wie Torsten Frings, Ailton oder später auch Diego und Mesut Özil wurden an der Weser zu Top-Stars. Welche Wertschätzung der Club auch in Spielerkreisen genießt, wird deutlich, wenn man sieht, wie oft Profis nach ihrem Weggang wieder nach Bremen zurückwollten. Andreas Herzog, Torsten Frings, Claudio Pizarro und Tim Borowski gingen allesamt in eine zweite Zeit zum SV Werder, der aktuell Platz zwei der Ewigen Bundesliga-Tabelle belegt und in den vergangenen Jahren auch international eine feste Größe im Fußball darstellte.
Kein Wunder …

Wunder von der Weser – das klingt wie die Sichtung eines Wals im fünftgrößten Fluss Deutschlands. Gemeint aber sind Spiele wie 1988 gegen BFC Dynamo Berlin, als der SV Werder Bremen im Europapokal der Landesmeister mit einem 5:0-Sieg im heimischen Weser-Stadion eine 0:3-Hinspielniederlage wettmachte und sich noch sensationell für die zweite Runde qualifizierte. Oder der 6:2-Triumph über Spartak Moskau ein Jahr zuvor, als die Bremer trotz der 1:4-Pleite im Hinspiel noch ins Achtelfinale des UEFA-Cups einzogen.

Packende Europapokalabende wie diese und der oftmals bedingungslose Offensivfußball, den der ehemalige Werder-Spieler Thomas Schaaf seit seinem Amtsantritt

SV Werder Bremen
Franz-Böhmert-Str. 1c
28205 Bremen
www.werder.de

Bremen

Wer hätte das gedacht?

Manchmal ist selbst der wundervollste Fußball machtlos. In der Saison 1985/86 hatte die Mannschaft 31 Spieltage lang die Tabelle angeführt und benötigte nur noch einen Sieg aus den zwei verbleibenden Spielen gegen den FC Bayern München und beim VfB Stuttgart, um die zweite Deutsche Meisterschaft an die Weser zu holen. Als Schiedsrichter Volker Roth in der 86. Minute des Abendspiels gegen den FC Bayern München nach einem Handspiel von Sören Lerby Strafstoß gab, hatte die Titelfeier bereits fast begonnen. Der Bremer Michael Kutzop galt als einer der sichersten Elfmeterschützen aller Zeiten, leistete sich zwei Minuten darauf aber den einzigen Fehlversuch seiner 40 Strafstöße. Es blieb beim 0:0. Die Bremer verloren anschließend beim VfB Stuttgart. So wurde der punktgleiche FC Bayern Meister, den SV Werder Bremen trennte letztlich nur ein schlechteres Torverhältnis vom ersehnten Titel.

Durch ein 3:1 in München wurde der SV Werder 2004 vorzeitig Deutscher Meister und gewann danach auch den DFB-Pokal.

SV Werder Bremen

Gründung:	04.02.1899
Meisterschaften:	4
Pokalsiege:	6
Mitgliederzahl:	34.400
Meiste Pflichtspiele:	Dieter Burdenski (444)
Meiste Tore:	Marco Bode (101)
Stadion:	Weser-Stadion 42.100 Zuschauer

Heim- und Auswärtstrikot:

Die Platzierungen 1993 bis 2010:

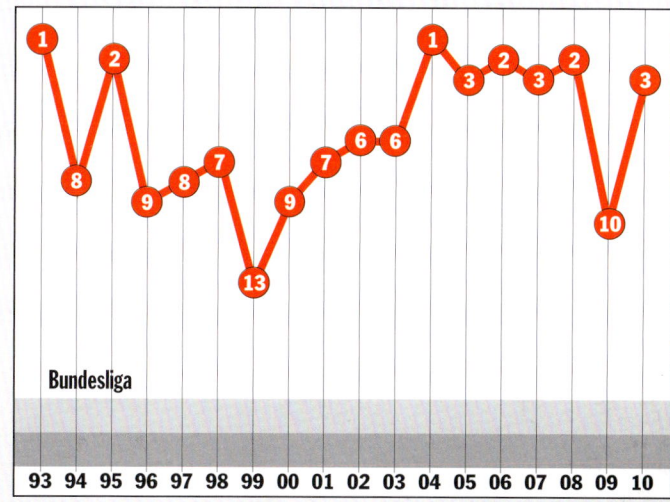

Bundesliga

| 93 | 94 | 95 | 96 | 97 | 98 | 99 | 00 | 01 | 02 | 03 | 04 | 05 | 06 | 07 | 08 | 09 | 10 |

„Werself"
steht für
Qualität

Maskottchen
Brian the Lion
in der BayArena

Auch wenn Bayer 04 Leverkusen noch keine Deutsche Meisterschaft erringen konnte: Seit dem Aufstieg in die Bundesliga im Jahr 1979 hat sich der Club vom Rhein nach und nach und in immer stärkerem Maße in die Reihe der besten deutschen Mannschaften gespielt. Niemals seit dem Sprung in das Oberhaus musste der Weg zurück in die Zweitklassigkeit angetreten werden. Selbstbewusst gehen die Leverkusener heute sogar mit dem Ausdruck „Werkself" um, den Fans anderer Clubs früher für Bayer 04 benutzten. Mit ein wenig Selbstironie wurde eine Marketingkampagne gestartet: „Werkself" ist auf Pullovern, T-Shirts und anderen Fanartikeln zu sehen; „Werkself" ist auch auf dem Mannschaftsbus zu lesen; „Werkself" als ein Begriff, der für Qualität steht.

Zum UEFA-Cup-Erfolg von 1988 gegen Espanyol Barcelona und dem DFB-Pokalsieg 1993 gegen die Amateure von Hertha BSC sind zwar keine weiteren Trophäen gekommen. Bayer 04 hat aber trotzdem immer wieder großartige Leistungen auf verschiedenen Ebenen gezeigt: in der Bundesliga mit den Vizemeisterschaften 1997, 1999, 2000 und 2002, aber auch auf der internationalen Bühne, vor allem in der UEFA Champions League 2002 mit großartigen Spielen bis zu einer unglücklichen 1:2-Niederlage im Finale 2002 gegen Real Madrid in Glasgow.

Manager Reiner Calmund leitete einst die Geschicke des Clubs, bei dem jetzt Geschäftsführer Wolfgang Holzhäuser und Weltmeister Rudi Völler als Sportchef über viele Jahre die Verantwortlichen sind. Publikumsliebling Völler gehörte einst selbst zu der Reihe von Stars, die in Leverkusen spielten: unter ihnen die Brasilianer Jorginho, Lúcio, Juan, Paulo Sergio und Ze Roberto oder Bernd Schuster und der jetzt bei Manchester United glänzende Bulgare Dimitar Berbatov. Michael Ballack, im Sommer 2010 vom FC Chelsea zurückgekommen, spielte zuvor schon einmal als noch ganz junger Profi im Bayer-Trikot und bewältigte in Leverkusen wichtige Schritte auf seinem Weg zum internationalen Topstar. Trainer Jupp Heynckes, seit 2009 in Leverkusen tätig, verfügt über einen von der personellen Besetzung hochwertigen Kader, der – wie schon in der vorangegangenen Spielzeit angedeutet – in der Bundesliga auch in der laufenden Saison eine Topplatzierung erreichen kann.

Bayer 04 Leverkusen
Bismarckstr. 122-124
51373 Leverkusen
www.bayer04.de

Leverkusen

Wer hätte das gedacht?

Leverkusens Fußballprofis sind in der BayArena zu Hause, die nach einer umfangreichen Modernisierung und Vergrößerung in neuer Pracht erst zu Beginn der vergangenen Saison 2009/10 fertiggestellt wurde. Schon zuvor hatte es in dem Stadion eine Besonderheit gegeben: Unmittelbar hinter einem der beiden Tore ist ein Hotel angeschlossen, von dem aus Gäste sogar einen direkten Blick auf das Spielfeld haben können. Denn in diese Richtung gibt es Konferenzräume, die bei Bundesliga-Begegnungen als Logen mit viel Komfort zu nutzen sind. Auch die Ausstattung des Hotels ist auf Fußball und Bayer 04 angelegt. An den Wänden sind überall Fotos von ehemaligen und heutigen Leverkusener Stars zu sehen.

Bayer 04 Leverkusen

Gründung:	01.07.1904
Meisterschaften:	0
Pokalsiege:	1
Mitgliederzahl:	25.000
Meiste Pflichtspiele:	Rüdiger Vollborn (401)
Meiste Tore:	Ulf Kirsten (182)
Stadion:	BayArena 30.210 Zuschauer

Heim- und Auswärtstrikot:

Die Platzierungen 1993 bis 2010:

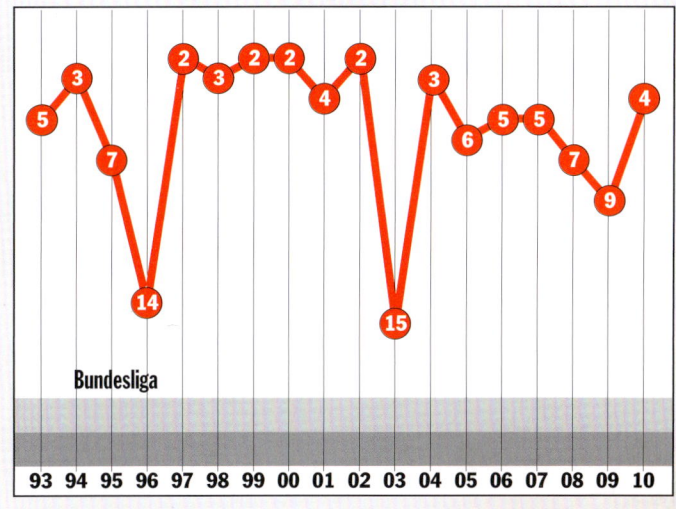

| 93 | 94 | 95 | 96 | 97 | 98 | 99 | 00 | 01 | 02 | 03 | 04 | 05 | 06 | 07 | 08 | 09 | 10 |

Der Leverkusener Rekordtorschütze Ulf Kirsten (2001)

Im Rücken die gelbe Wand

In Dortmund wird diese Wand von 25.000 Menschen gebildet, die auf Europas größter Stehplatztribüne ihren Platz in der „Fußballoper" Signal Iduna Park haben. Seit der Saison 1972/73 haben sich die Zuschauerzahlen mehr als verzehnfacht: Damals verliefen sich gerade einmal 1.500 Zuschauer am letzten Spieltag ins Stadion Rote Erde.

Als echter Antrieb des Aufschwungs bei der Mannschaft, die durch ihre Deutschen Meisterschaften 1956, 1957 und 1963 sowie den DFB-Pokalsieg 1965 schon zu den erfolgreichsten Traditionsclubs in Deutschland gehörte, erwies sich die WM 1974 in Deutschland, die Borussia Dortmund jenes Stadion bescherte, das von der Londoner Zeitung Times 2009 zum bedeutendsten der Welt gekürt wurde: das Westfalenstadion mit einem Fassungsvermögen von damals 54.000 Zuschauern, im Gegensatz zu den meisten anderen Bundesliga-Schauplätzen schon früh eine reine, enge Fußballarena ohne Leichtathletik-Laufbahn. Man hatte sein Publikum zurück in die neue Heimstätte geholt und kam schon in der Saison 1974/75 auf einen Zuschauerschnitt von 25.000 Besuchern. Zwei Jahre später, nach der Rückkehr in die Bundesliga, waren es bereits 40.000. Noch beeindruckender ist seit jeher die unvergleichliche Stimmung bei den Dortmunder Fans, die auch in schwierigen Zeiten zu ihren Schwarz-Gelben standen, so 1986 in den Relegationsspielen um den letzten Platz in der Erstklassigkeit gegen den SC Fortuna Köln.

Wieder wesentlich erfolgreichere Zeiten begannen mit dem 4:1-Erfolg im DFB-Pokalfinale 1989 gegen den SV Werder Bremen, zu dem der heutige Dortmunder Stadionsprecher Norbert Dickel zwei Tore beisteuerte. Der 1991 verpflichtete Trainer Otmar Hitzfeld führte den Club in den folgenden Jahren ins UEFA-Cup-Finale, zu zwei Deutschen Meisterschaften sowie 1997 zum Gewinn der UEFA Champions League und des Weltpokals. Das Westfalenstadion wurde auf 83.000 Plätze ausgebaut, Weltstars wie Weltmeister Jürgen Kohler wurden verpflichtet. Und mit dem früheren Borussia-Dortmund-Profi und Europameister von 1996 Matthias Sammer als Trainer wurde 2002 erneut der Gewinn der Meisterschale gefeiert. Anschließend meisterte der Club eine in finanzieller Hinsicht schwierige Situation.

Und nicht erst seit Jürgen Klopp 2008 Trainer wurde, baut der Club verstärkt junge Eigengewächse in den Mannschaftskader ein. Mit seiner Mannschaft, dem Trainer und der gelben Wand im Rücken ist Borussia Dortmund nun auf dem Weg zurück zu alten Erfolgen.

Maskottchen Emma und Trainer Jürgen Klopp

Wer hätte das gedacht?

Borussia Dortmund wagte etwas, was zuvor und danach kein weiterer deutscher Club versuchte:
Die Voraussetzungen wurden am 28. November 1999 geschaffen. Die Mitglieder von Borussia Dortmund stimmten dem Vorschlag des damaligen Präsidenten Dr. Gerd Niebaum zu, den wirtschaftlichen Geschäftsteil des Clubs auszugliedern und eine Aktiengesellschaft zu gründen. Am 31. Oktober 2000 wurde damit erstmals ein deutscher Club an der Börse notiert. Bis heute ist es auch der einzige Bundesliga-Club geblieben.

Der Spielertunnel im Signal Iduna Park

Borussia Dortmund
Rheinlanddamm 207-209
44137 Dortmund
www.bvb.de

Dortmund

Borussia Dortmund

Gründung:	19.12.1909
Meisterschaften:	6
Pokalsiege:	2
Mitgliederzahl:	35.000
Meiste Pflichtspiele:	Michael Zorc (463)
Meiste Tore:	Manfred Burgsmüller (135)
Stadion:	Signal Iduna Park 80.720 Zuschauer

Heim- und
Auswärtstrikot:

Die Platzierungen 1993 bis 2010:

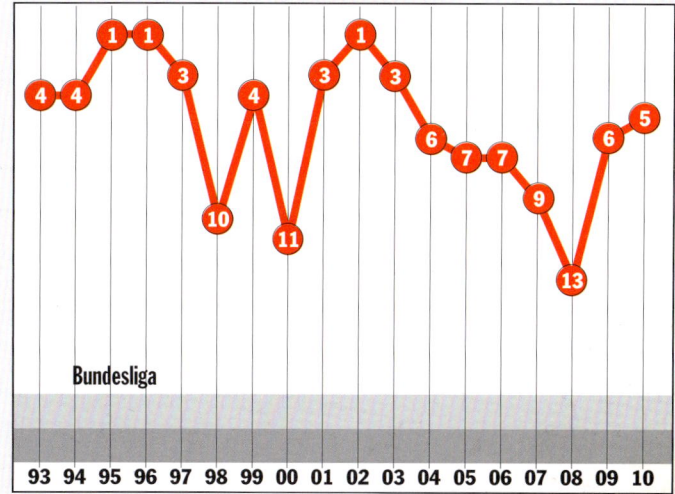

Bundesliga

93 94 95 96 97 98 99 00 01 02 03 04 05 06 07 08 09 10

Auf den Nachwuchs ist Verlass

1975 standen die Zeichen beim VfB Stuttgart auf Umbruch und Reform. Der Club gehörte am Ende der Saison erstmals in seiner Geschichte nicht mehr der Bundesliga an. Gleichzeitig wurde Gerhard Mayer-Vorfelder am 18. April zum Präsidenten gewählt und begann damit, den Club von Grund auf zu erneuern.

Für neue, teure Spieler, die den Wiederaufstieg herbeiführen könnten, fehlten die finanziellen Mittel. So musste es der Nachwuchs richten. Helmut Roleder, Karlheinz Förster, Hansi Müller und Dieter Hoeneß wurden zu Leistungsträgern, brachten den VfB Stuttgart zurück in die Erstklassigkeit und dort in das obere Tabellendrittel. Identifikationsfiguren, die Begeisterung hervorriefen. In der Saison 1977/78 kam der Club auf einen sensationellen Zuschauerschnitt von 53.567 Besuchern – und auf den vierten Platz. Der Jugendstil hatte Erfolg, zumal die Mannschaft in den Folgejahren, verstärkt durch weitere Talente wie Bernd Förster oder Karl Allgöwer, Spitzenplätze erreichte. Mit dem Höhepunkt des Gewinns der dritten Deutschen Meisterschaft für die Schwaben im Jahre 1984 unter Trainer Helmut Benthaus.

Nach dem vierten Titelgewinn 1992 wurde es zunächst ruhiger. Bis das „Magische Dreieck" mit Krassimir Balakov sowie den Angreifern Fredi Bobic und Giovane Elber, für den Verein für Bewegungsspiele (VfB) wirbelte. Das Trio zauberte auf dem Spielfeld und erzielte in der Saison 1996/1997 allein 49 aller 78 Saisontore. Der VfB

Stuttgart spielte in den Jahren 1997 und 1998 wieder oben mit und belegte nicht nur zwei Mal hintereinander den vierten Platz der Tabelle, sondern wurde 1997 auch DFB-Pokalsieger und stand ein Jahr später gegen den FC Chelsea im Finale des Europapokals der Pokalsieger.

Erneut gaben junge Talente wie Timo Hildebrand, Kevin Kuranyi und Aljaksandr Hleb den Ausschlag, dass der VfB Stuttgart 2003 wieder im Titelkampf mitmischte und in der UEFA Champions League starten konnte. Nach einem personellen Schnitt 2005, als die von den Medien als „junge Wilde" bezeichneten Stuttgarter ihre Leistungsträger Kuranyi und Philipp Lahm abgeben mussten, sorgten bald weitere Nachwuchskräfte für neue Belebung: Serdar Tasci, Sami Khedira und Mario Gomez lauteten diesmal die Namen der Spieler, denen der Sprung aus dem Talentschuppen zu den Profis gelang. Und einmal mehr profitierte der VfB Stuttgart. 2007 wurde die fünfte Meisterschaft bejubelt.

Ein Zufallsprodukt sind die vielen Spieler aus dem eigenen Nachwuchsbereich nicht. Präsident Gustav Schumm entwarf bereits im Jahr 1918 ein entsprechendes Konzept, das noch heute seine grundsätzliche Bedeutung hat. Der Jugendarbeit wurde stets ein hoher Stellenwert beigemessen, was dazu führte, dass der VfB Stuttgart sowohl bei den U-19- als auch bei den U-17-Junioren Deutscher Rekordmeister ist.

Maskottchen Fritzle

VfB Stuttgart
Mercedesstr. 109
70372 Stuttgart
www.vfb.de

Stuttgart

Wer hätte das gedacht?

Vielleicht waren es ja noch die Nachwirkungen des Saisonendes 1992, das als Herzschlag-Finale in die Geschichte eingegangen ist. Damals gewann der VfB Stuttgart durch einen Treffer von Guido Buchwald in der 86. Minute mit 2:1 bei Bayer 04 Leverkusen, zog in der Tabelle noch an Eintracht Frankfurt und Borussia Dortmund vorbei und wurde Deutscher Meister.

Kurz nach dem sensationellen Meisterschaftsgewinn, am Abend des 30. Septembers, lag der VfB Stuttgart in der ersten Runde des Europapokals der Landesmeister mit 1:4 bei Leeds United zurück, was auf Grund des 3:0-Hinspielsieges das Weiterkommen bedeutet hätte. Doch mit Jovica Simanic wechselte Trainer Christoph Daum sieben Minuten vor dem Abpfiff einen zusätzlichen Abwehrspieler und damit das Aus ein. Neben dem Jugoslawen standen bereits drei ausländische Spieler auf dem Spielfeld. Und nur drei waren seinerzeit erlaubt. Die Europäische Fußball-Union (UEFA) wertete das Spiel mit 3:0 für die Engländer, die das Entscheidungsspiel in Barcelona mit 2:1 gewannen. Der VfB Stuttgart war wegen eines folgenschweren Wechselfehlers ausgeschieden.

VfB Stuttgart

Gründung:	09.09.1893
Meisterschaften:	5
Pokalsiege:	3
Mitgliederzahl:	45.000
Meiste Pflichtspiele:	Karl Allgöwer (338)
Meiste Tore:	Karl Allgöwer (129)
Stadion:	Mercedes-Benz Arena 60.100 Zuschauer
Heim- und Auswärtstrikot:	

Die Platzierungen 1993 bis 2010:

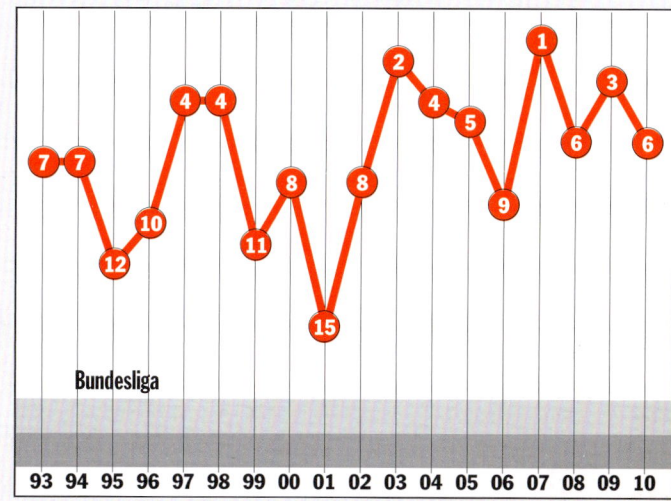

Bundesliga

93 94 95 96 97 98 99 00 01 02 03 04 05 06 07 08 09 10

Das einzige
Urgestein
der
Liga

E s wirkt, als hätte man die Zeitmessung vergessen auszustellen. In der Imtech Arena des Hamburger SV läuft eine Uhr. Die 90 Minuten Spielzeit sind längst überschritten. Sekunden, Minuten, Tage, ja sogar Jahre werden auf der digitalen Anzeige festgehalten. Mehr als 47 sind es nun schon. Die zählt die Zeit der Bundesliga-Zugehörigkeit des Hamburger SV und wer zurückrechnet, der landet im Jahr 1963, dem ersten Bundesliga-Jahr.

Allein die Hamburger waren immer dabei, sogar seit 1919 spielen sie immer erstklassig. Kein anderer Club hat das geschafft und deshalb sind sie in der Hansestadt auch stolz darauf. „Nur der HSV", rufen die Fans während des Spiels in einem der schönsten Stadien Deutschlands und meinen damit zwei Dinge: Für sie gibt es keinen anderen Club und der Hamburger SV ist das einzige verbliebene Bundesliga-Gründungsmitglied.

Sie bezeichnen sich selbst als die „Dinosaurier der Liga". Gleichzeitig haben sie mit Dino Hermann, benannt nach dem langjährigen Masseur Hermann Rieger, auch das passende Maskottchen.

Sechs Mal war der Hamburger SV schon Deutscher Meister. Uwe Seeler ist nicht nur der erfolgreichste Torjäger der Rothosen gewesen, sondern ein Idol geblieben – auch, weil er immer nur für seinen Heimatclub spielte. Mit dem englischen Star Kevin Keegan holten die Norddeutschen 1979 die Meisterschale, danach auch noch 1982 und 1983. Vor inzwischen 28 Jahren feierte

Felix Magath mit dem Europapokal der Landesmeister (1983)

der Hamburger SV durch einen 1:0-Sieg in Athen gegen Juventus Turin aus Italien den Gewinn des Europapokals der Landesmeister, der heutigen UEFA Champions League. Schütze des entscheidenden Tores war damals Felix Magath. 1987 gelang auch der DFB-Pokalsieg. Die Raute erstrahlte in diesen erfolgreichen Jahren in schwarz-weiß-blauem Glanz.

In den vergangenen Jahren versuchten die Verantwortlichen wieder an die Erfolge der Vergangenheit anzuknüpfen. Stars wie Rafael van der Vaart, Nigel de Jong, Zé Roberto oder Ruud van Nistelrooy wurden nach Hamburg geholt. Doch der ganz große Erfolg blieb bislang aus, obwohl in den beiden vergangenen Spielzeiten jeweils erst im Halbfinale der UEFA Europa League Endstation war. Die Uhr auf der Nordtribüne läuft freilich unaufhörlich weiter. Ein Problem könnte es erst in 52 Jahren geben, denn dreistellige Zahlen sind auf der Anzeige nicht vorgesehen.

Hamburger SV
Sylvesterallee 7
22525 Hamburg
www.hsv.de

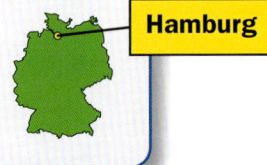
Hamburg

Wer hätte das gedacht?

Nicht allein die dauerhafte Zugehörigkeit zur Bundesliga seit 1963 macht den Hamburger SV einzigartig. Die außergewöhnlich große Tradition wird zum Beispiel auch am Clubwappen der Hanseaten deutlich, dessen Herkunft mit der Seefahrt in Verbindung steht. Ursprünglich stammt es vom Flaggensignal „Blauer Peter", das in der Schifffahrt als Zeichen verwendet wird für: „Alle Mann an Bord!"

Übrigens kommt das Wappen des Hamburger SV als einziges Markenzeichen dieser Art eines deutschen Proficlubs ganz ohne Buchstaben und Zahlen aus.

Ebenfalls traditionell sind die weißen Trikots und roten Hosen in Anlehnung an das Wappen der Stadt Hamburg, deren offizieller Vertreter der Club war und von deren Seite schon 1914 der Vorschlag für den Namen Hamburger Sport-Verein kam. Auch schon lange werden die Spieler des Hamburger SV als „Rothosen" bezeichnet. Die Farben des Raute genannten Clubwappens finden sich auch in den auffälligen Stutzen wieder.

Hamburger SV

Gründung:	29.09.1887
Meisterschaften:	6
Pokalsiege:	3
Mitgliederzahl:	58.660
Meiste Pflichtspiele:	Manfred Kaltz (581)
Meiste Tore:	Uwe Seeler (137)
Stadion:	Imtech Arena 57.000 Zuschauer

Heim- und Auswärtstrikot:

Die Platzierungen 1993 bis 2010:

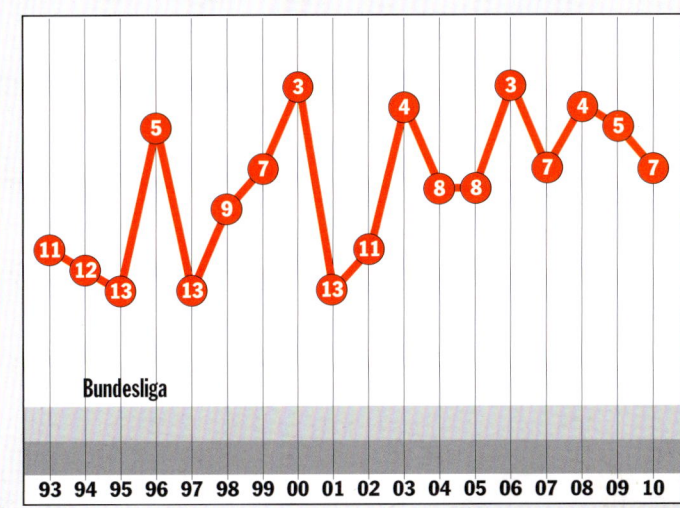

Ein **sensationelles** Meisterstück

Die VW-Werke sind Hauptarbeitgeber in der Region und waren jahrzehntelang das einzige Aushängeschild der Arbeiterstadt. Mit dem VfL Wolfsburg, der bis zu seinem Aufstieg in die 2. Bundesliga 1992 im Amateurbereich gespielt hatte, besitzt sie mittlerweile ein zweites Markenzeichen. Die Verbundenheit des Fußballclubs und des VW-Konzerns ist auch auf dem Rasen abzulesen: Die Trikotwerbung des Clubs steht ganz im Zeichen des Unternehmens.

Schon fünf Jahre später folgte die Erstklassigkeit – dank eines erstklassigen Fußballkrimis: Am 11. Juni 1997 war ein unvergesslicher und hochdramatischer Tag für Wolfsburg erfolgreich zu Ende gegangen. Der VfL setzte sich mit einem 5:4 im Top-Spiel gegen den Mitkonkurrenten 1. FSV Mainz 05 durch und stieg als Vizemeister in die Bundesliga auf. Der Weg schien unaufhaltsam nach oben zu zeigen. Durch den Club fanden schon bald prominente Spieler wie Stefan Effenberg, Dorinel Munteanu und Pablo Thiam den Weg nach Niedersachsen. Sie sollten den Wölfen nach dem Aufstieg den nötigen Glanz verleihen. 1999 erreichte man den UEFA-Cup. Fünf Teilnahmen im europäischen UI-Cup und die erste Bundesliga-Tabellenführung der Clubgeschichte 2004 bestätigten die Bezeichnung als „schlafender Riese".

Wolfsburg ist eine der jüngsten Großstädte Deutschlands, wuchs allerdings deutlich schneller als andere. Von 1938 bis 1972 stieg die Einwohnerzahl von 1.000 auf über 100.000. Der VfL Wolfsburg ist hinter 1899 Hoffenheim, dem 1. FSV Mainz 05, dem FC Energie Cottbus, dem SSV Ulm 1846 und der SpVgg Unterhaching das sechsjüngste Mitglied unter allen Bundesliga-Vereinen. Trotzdem feierte der Verein 2009, und damit nur zwölf Jahre nach dem Aufstieg, die Deutsche Meisterschaft. Zwei rasante Entwicklungen, die ihren Ursprung beide bei Volkswagen, Europas größtem Automobilhersteller, finden.

Felix Magath, der 2007 als Trainer, Manager und Geschäftsführer der starke Mann beim VfL Wolfsburg wurde, schaffte dann die große Sensation. Er leitete einen Umbruch ein und führte die Mannschaft sogleich auf den fünften Tabellenplatz. Und nur ein Jahr darauf wurde mit dem torgefährlichen Duo Edin Dzeko und Grafite die erste Deutsche Meisterschaft der Clubgeschichte möglich. Dieser Titel sicherte dem VfL Wolfsburg natürlich auch die ersehnte, erste Teilnahme an der UEFA Champions League.

VfL Wolfsburg
In den Allerwiesen 1
38446 Wolfsburg
www.vfl-wolfsburg.de

Wolfsburg

Edin Dzekos Verkauf nach Manchester bescherte dem VfL Wolfsburg im Januar 2011 die Rekord-Transfersumme von 35 Millionen Euro.

Wer hätte das gedacht?

Wölfe werden auf der Farbpalette eher mit Grautönen in Verbindung gebracht. Dennoch ist der VfL Wolfsburg grün, oder besser: grün-weiß. Woher kommen die Clubfarben? Große Gedanken verschwendeten die zwölf Gründungsmitglieder bei ihrer Auswahl nicht. In der Zeit nach dem Zweiten Weltkrieg wurde praktisch gedacht. Die Leute hatten von allem nicht viel. Und so ist ein gewisser Bernd Elberskirch für die Farbwahl der „Wölfe" verantwortlich. Der Kreisjugendpfleger hatte keine grauen, roten, blauen oder gelben Trikots mehr, dafür aber noch zehn grüne auf Lager. Die Entscheidung war gefallen und auch die Farbwahl der Hosen verlief zufällig. Die Leute unterstützten den neu gegründeten Club mit Bettlaken, aus denen dann die Beinkleider genäht wurden. Seit diesen Tagen spielt der VfL Wolfsburg in Grün-Weiß.

VfL Wolfsburg

Gründung:	12.09.1945
Meisterschaften:	1
Pokalsiege:	0
Mitgliederzahl:	15.000
Meiste Pflichtspiele:	Miroslav Karhan (173)
Meiste Tore:	Edin Dzeko (66)
Stadion:	Volkswagen Arena 30.000 Zuschauer

Heim- und Auswärtstrikot:

Die Platzierungen 1993 bis 2010:

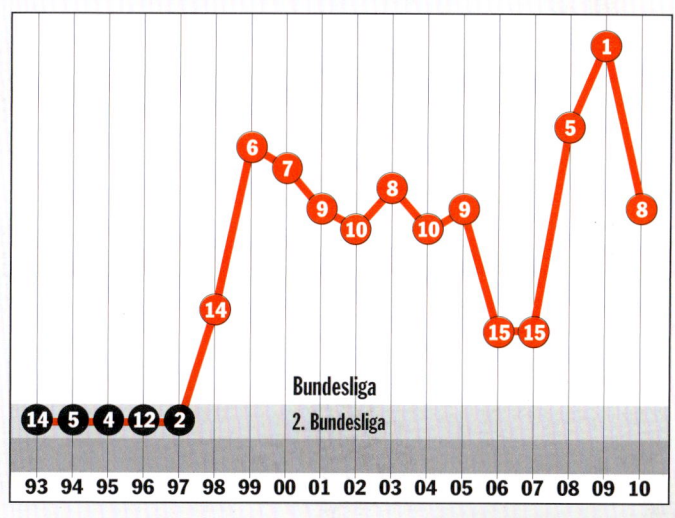

93 94 95 96 97 98 99 00 01 02 03 04 05 06 07 08 09 10

Viel mehr
als nur
Karneval

L ängst hat sich der 1. FSV Mainz 05 auf der deutschen Fußball-Landkarte etabliert. Seit 2004 stiegen die Rheinhessen erstmals in die Bundesliga auf und nahmen über die Fairplay-Wertung 2005 sogar am UEFA-Cup-Wettbewerb teil. Zunächst Erfolge, die untrennbar mit einem Namen verknüpft sind: Jürgen Klopp. Der langjährige Mainzer Spieler mit dem Spitznamen „Kloppo" hatte den Club 2001 als Trainer übernommen. In der rheinland-pfälzischen Landeshauptstadt tobte gerade der Karneval und die 05er lagen im unteren Tabellendrittel. Das Vertrauen

Jürgen Klopp

in den emotionalen Fußballlehrer zu setzen, der aber noch überhaupt keine Erfahrung im Trainerberuf hatte, war nicht unbedingt die naheliegende, zurückblickend aber die ideale Wahl, welche die Verantwortlichen überhaupt hätten treffen können.

„Wir sind nur ein Karnevalsverein!" Der Fangesang, der heute mit ironischem Unterton im Stadion am Bruchweg angestimmt wird, hatte zuvor tatsächlich seine Berechtigung. Erfolg um jeden Preis war bei den Mainzern jedenfalls nicht angestrebt worden. Da passt es ins Bild, dass die 1955 in der Clubchronik vermerkte Rekordbesucherzahl von 30.000 Zuschauern im Spiel beim SV Saar 05 Saarbrücken einzig der Tatsache zuzuschreiben war, dass es sich dabei um das Vorspiel für das Südwestduell zwischen dem 1. FC Saarbrücken und dem 1. FC Kaiserslautern gehandelt

hatte. Jahrzehnte stand man im Schatten der regionalen Rivalen. Auch die Qualifikation für die 2. Bundesliga 1974 konnte die Kräfteverhältnisse nicht ändern.

Bis Harald Strutz das Zepter übernahm, den Club mit einer bis heute zusammengebliebenen Führungsmannschaft zunächst in der 2. Bundesliga etablierte, die Finanzlage des Clubs in Ordnung brachte und später im Verbund mit Trainer Klopp und insbesondere auch mit Manager Christian Heidel eine Erfolgsgeschichte einläutete. Als Klopp das Kapitel mit seinem Weggang zu Borussia Dortmund 2008 unter Tränen abschloss, verabschiedeten ihn mehr als 15.000 Fans auf dem Mainzer Gutenbergplatz. Mit seinem Nachfolger, dem Norweger Jörn Andersen, gelang die Rückkehr in die Bundesliga, mit Thomas Tuchel – wie Klopp Trainer-Neuling – schafften die Mainzer zunächst den Klassenerhalt und in der folgenden Saison 2010/2011 einen spektakulären Start. Sieben Siege in Folge zu Beginn einer Spielzeit waren zuvor nur dem FC Bayern München und dem 1. FC Kaiserslautern gelungen. Der 1. FSV Mainz 05, ab Sommer 2011 in der neu errichteten Coface Arena zu Hause, ist längst mehr als nur ein „Karnevalsverein".

1. FSV Mainz 05
Dr.-Martin-Luther-King-Weg 20
55122 Mainz
www.mainz05.de

Mainz

Nach Ende der Ära Klopp wurde Thomas Tuchel Cheftrainer.

Wer hätte das gedacht?

Aktuell ist er der Rekordhalter unter den Clubchefs, was die Dauer seiner Tätigkeit betrifft: Schon seit 1988 steht Harald Strutz dem 1. FSV Mainz 05 als Präsident vor – ein Amt, das zuvor auch schon sein Vater innehatte. Selbst ging der heute 60-Jährige einer ganz anderen Sportart nach. Im Dreisprung war Strutz mit 16,21 Metern weltweit der beste Junior und für Deutschland bestritt er mehrere Länderkämpfe. Außergewöhnlich für den Präsidenten eines Proficlubs ist auch, dass Strutz Sänger einer Rockband ist, die den Namen „Stags" („Hirsche") trägt, mehrmals im Jahr auf der Bühne steht und am liebsten Songs der „Rolling Stones" spielt. Im Einsatz ist Rechtsanwalt Strutz auch für den deutschen Profifußball. Seit Gründung des Ligaverbandes im Dezember 2000 gehört er als Vizepräsident dem Vorstand an.

1. FSV Mainz 05

Gründung:	16.03.1905
Meisterschaften:	0
Pokalsiege:	0
Mitgliederzahl:	9.700
Meiste Pflichtspiele:	Nikolce Noveski (141)
Meiste Tore:	Mohamed Zidan (22)
Stadion:	Stadion am Bruchweg 20.300 Zuschauer

Heim- und Auswärtstrikot:

Die Platzierungen 1993 bis 2010:

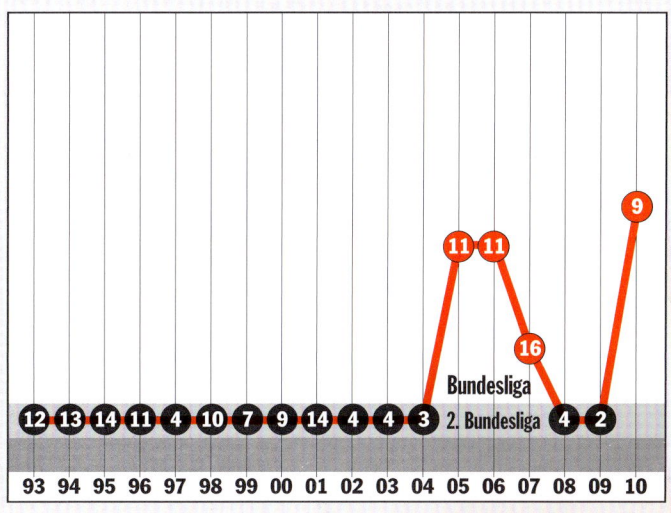

Karl-Heinz „Charly" Körbel (1988)

Der „treue Charly" und sein Club

Spätestens als Heribert Bruchhagen am 1. Dezember 2003 Vorstandsvorsitzender wurde, zogen wieder Strukturen und Kontinuität bei Eintracht Frankfurt ein, dem Deutschen Meister von 1959 und Europapokalfinalisten von 1960. Seit 2005 ist die Mannschaft ohne Unterbrechung erstklassig und wirtschaftet solide. Qualitäten, die den Club in den Jahrzehnten nach der Bundesliga-Gründung stets ausgezeichnet hatten und für die am Main vor allem ein Name steht: Karl-Heinz Körbel mit dem Spitznamen „der treue Charly".

Körbel ist das Clubidol und bis heute der Rekordspieler der Bundesliga. 731 Pflichtspiele, davon 602 in der Bundesliga, hatte der Abwehrspieler für Eintracht Frankfurt absolviert und dabei nie für einen anderen Proficlub gespielt. Nach dem Karriereende 1991 arbeitete er zunächst als Co-Trainer bei seinem Club und übernahm 1995 für einige Monate den Posten des Cheftrainers. Dass sein Club 1996 erstmals aus der Bundesliga abstieg, war nicht nur für ihn bis zum Ende unvorstellbar gewesen. Nur vier Jahre zuvor hatte die Bundesliga noch eine Mannschaft in Bestform erlebt. Trainer Dragoslav Stepanovic, damals in seiner ersten Amtszeit als Eintracht-Frankfurt-Trainer erfolgreich, hatte um Torwart Uli Stein, Manfred Binz, Andreas Möller und Uwe Bein sowie Anthony Yeboah ein Team zusammengestellt, das nahezu perfekt harmonierte und technisch anspruchsvollen Fußball spielte. Der Meistertitel schien nur

noch eine logische Folge zu sein. Doch kurz vor dem Ziel zogen der VfB Stuttgart und Borussia Dortmund am letzten Spieltag knapp an ihnen vorbei. Fünf Jahre lang – von 1989 bis 1994 – landete Eintracht Frankfurt unter den ersten Fünf der Tabelle und hatte sich zu einem Spitzenteam der Bundesliga entwickelt.

Bis zum Jahr 2005 wechselte der Club immer wieder die Ligazugehörigkeit. Emotionaler Höhepunkt inmitten der drei Ab- und drei Aufstiege war der Bundesliga-Klassenerhalt 1999, der durch einen beispiellosen Endspurt am letzten Spieltag ermöglicht wurde. Nach drei Siegen in Folge gegen den SV Werder Bremen, Borussia Dortmund und den FC Schalke 04 hatte sich die Mannschaft von Trainer Jörg Berger eine letzte Chance auf den Bundesliga-Verbleib bewahrt und siegte am 34. Spieltag mit 5:1 gegen den 1. FC Kaiserslautern. Die drei Tore in den letzten zehn Minuten, das fünfte durch den norwegischen Publikumsliebling Jan-Aage Fjörtoft, waren auch notwendig. Man musste nicht nur nach Punkten mit dem 1. FC Nürnberg gleichziehen, sondern verblieb am Ende nur durch einen mehr erzielten Treffer ein weiteres Jahr in der Bundesliga.

Karl-Heinz Körbel kehrte kurz darauf zurück. Seit 2001 arbeitet er als Scout, Vorstandsberater und Leiter der Fußballschule für Eintracht Frankfurt. Wenn es um Beständigkeit geht, darf Körbel schließlich nicht fehlen.

Eintracht Frankfurt
Mörfelder Landstr. 362
60528 Frankfurt (Main)
www.eintracht.de

Frankfurt

Maskottchen Attila

Wer hätte das gedacht?

Obwohl er selbst nicht auf dem Rasen mitwirkt und nur eine Zuschauerrolle am Spielfeldrand einnimmt, ist ihm der Respekt von allen Seiten sicher. Bei jedem Heimspiel von Eintracht Frankfurt ist Attila mit von der Partie – ein Adler, als Maskottchen genau passend zum Beinamen, den die Hessen tragen. Imponierend die Spannweite der Flügel von 1,90 Metern, hellwach die Augen, scharf der Schnabel und die Krallen. Die Frankfurter Anhänger lieben ihren Attila, den es als Stofftier natürlich auch im Fanshop gibt und der zudem Veranstaltungen der Eintracht-Freunde sowie in Schulen oder Kindergärten besucht. Dann bringt der tierische Eintracht-Frankfurt-Star, der auch schon im „Aktuellen Sportstudio" des ZDF aufgetreten ist, sogar eigene Autogrammkarten mit, die mit einem Abdruck des Greifs, also eines Fußes, unterschrieben werden.

Eintracht Frankfurt

Gründung:	08.03.1899
Meisterschaften:	1
Pokalsiege:	4
Mitgliederzahl:	14.550
Meiste Pflichtspiele:	Karl-Heinz Körbel (602)
Meiste Tore:	Bernd Hölzenbein (160)
Stadion:	Commerzbank Arena 51.500 Zuschauer

Heim- und Auswärtstrikot:

Die Platzierungen 1993 bis 2010:

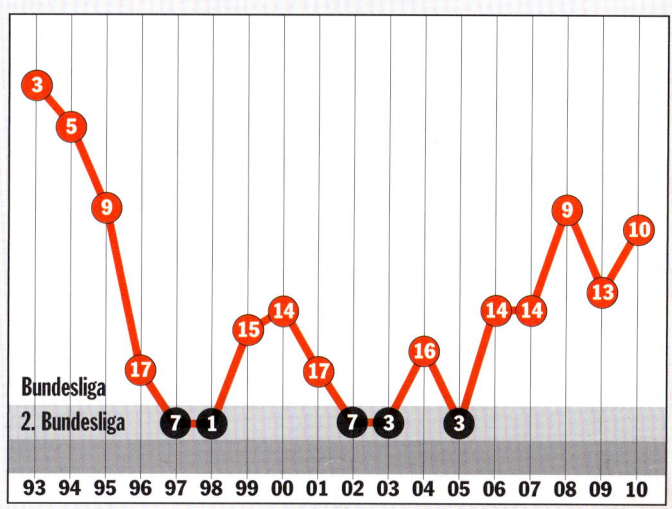

Bundesliga
2. Bundesliga

| 93 | 94 | 95 | 96 | 97 | 98 | 99 | 00 | 01 | 02 | 03 | 04 | 05 | 06 | 07 | 08 | 09 | 10 |

TSG 1899 Hoffenheim

Sieben
Aufstiege
in 18 Jahren!

18 Jahre dauert es, bis man offiziell erwachsen ist. So war das auch bei 1899 Hoffenheim, dem Club, der die Ziffern gleich mit im Namen trägt. 1990 spielte man noch in der achtklassigen Kreisliga A, 2008 ging es hinauf bis in die Bundesliga. Das macht sieben Aufstiege in 18 Jahren.

Wesentlichen Anteil an der rasanten Entwicklung hat Mäzen Dietmar Hopp, Mitbegründer des Software-Unternehmens SAP. Eng verbunden mit der sportlichen Erfolgsgeschichte von 1899 Hoffenheim ist die Veränderung des Clubs: Professionelle Strukturen wurden geschaffen und der Club setzte vor allem auf den Nachwuchs aus der Region. 2004, 1899 Hoffenheim war bereits in der Regionalliga angekommen, wurde das Profitum eingeführt. 2006 kamen Trainer Ralf Rangnick wie auch Manager Jan Schindelmeiser und Bernhard Peters als Direktor für Sport- und Nachwuchsförderung. Im ersten Jahr gelang der Aufstieg, nur zwölf Monate später fand sich der Club als 50. und damit bis heute jüngstes Mitglied in der Bundesliga

wieder. Parallel zum Erfolg im Profibereich gewann 1899 Hoffenheim auch im Jugendbereich mit dem Gewinn der Deutschen B-Junioren-Meisterschaft 2008 immer mehr an Bedeutung.

In der Bundesliga spielten die Hoffenheimer die komplette Hinrunde über zunächst in einem Ausweichquartier, im Carl-Benz-Stadion in Mannheim. 2009 wurde die Rhein-Neckar-Arena mit 30.150 Plätzen eingeweiht. Schlag auf Schlag ging es weiter mit der Erfolgsstory: 2010 eröffnete der Club seine neue Heimat im Nachbarort Zuzenhausen, wo in nur 16 Monaten ein hochmodernes Trainings- und Geschäftsstellenzentrum entstand. Das ehemalige Trainingszentrum in Hoffenheim wurde zum Nachwuchsleistungszentrum samt Fußball-Internat umgebaut.

Hoffenheim, 3.500 Einwohner zählender Stadtteil von Sinsheim nahe Heidelberg, hat an Bedeutung und Bekanntheit zugenommen und ist auf Grund des attraktiven, offensiven Fußballs ein großartiger Werbeträger. Der Club ist in kurzer Zeit zu einem festen Bestandteil der Bundesliga geworden. Nicht nur Maskottchen Hoffi hofft, dass die Erfolgsgeschichte des Kraichgau-Clubs so weitergeht.

1899 Hoffenheim
Horrenberger Str. 58
74939 Zuzenhausen
www.achtzehn99.de

Sinsheim-Hoffenheim

Maskottchen Hoffi

Wer hätte das gedacht?

Der Aufsteiger startete gleich durch in Richtung Tabellen-spitze, begeisterte die Fans und verblüffte die Konkurrenz. Nach Teil eins der Bundesliga-Saison 2008/09 stand der Neuling auf dem ersten Platz: 1899 Hoffenheim war auf Anhieb Herbstmeister. Nach großartigen Leistungen in der Hinrunde ging der Mannschaft aber ein wenig die Puste aus. Vielleicht auch, weil Torjäger Vedad Ibisevic, der bis zum 17. Spieltag 18 Mal getroffen hatte, in der Winter-pause einen Kreuzbandriss erlitt und bis zum nächsten Sommer außer Gefecht gesetzt war. Am Schluss erreichte 1899 Hoffenheim Rang sieben. Vor allem aber hatte die Mannschaft in dieser Saison für viele positive Schlagzei-len gesorgt.

1899 Hoffenheim

Gründung:	01.07.1899
Meisterschaften:	0
Pokalsiege:	0
Mitgliederzahl:	3.300
Meiste Pflichtspiele:	M. Compper, S. Salihovic (je 77)
Meiste Tore:	Vedad Ibisevic (35)
Stadion:	Rhein-Neckar-Arena 30.150 Zuschauer

Heim- und
Auswärtstrikot:

Die Platzierungen 1993 bis 2010:

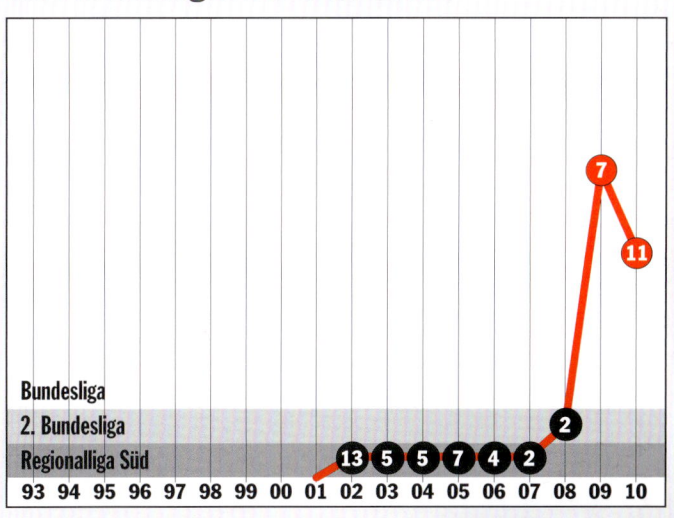

Bundesliga
2. Bundesliga — 2
Regionalliga Süd — 13 5 5 7 4 2

93 94 95 96 97 98 99 00 01 02 03 04 05 06 07 08 09 10

(7, 11 markers in Bundesliga area for 09, 10)

Als die Fohlen zu Titeln galoppierten

so große Sympathien erspielte. Vor allem Günter Netzer, der als erster Popstar der Bundesliga gilt, verkörperte diese Spielweise wie kein anderer. Die Fohlen boten dem FC Bayern in einem packenden Langzeit-Duell seinerzeit erfolgreich die Stirn.

Immer wieder versuchte der Club später an diese Erfolge anzuknüpfen. Junge, talentierte Spieler wie die späteren Nationalspieler Lothar Matthäus, Stefan Effenberg oder auch Sebastian Deisler fanden am legendären Bökelberg den Weg in den Profifußball. 1995 feierte der Club vom Niederrhein im Finale gegen den VfL Wolfsburg mit Toren von Dahlin, Effenberg und Herrlich beim 3:0-Sieg in Berlin

Welcher Club feierte am 29. April 1978 mit einem 12:0 gegen Borussia Dortmund den höchsten Bundesliga-Sieg der Geschichte? Welcher Club konnte 1971 seinen Titel des Deutschen Meisters als Erster erfolgreich verteidigen? Und welcher Club holte in den 70er-Jahren gleich fünfmal die Meisterschale? Die wilden Siebziger, sie waren das Jahrzehnt von Borussia Mönchengladbach. Neben den Triumphen 1970, 1971, 1975, 1976 und 1977 wurde die Mannschaft 1974 und 1978 Vizemeister, gewann 1973 auch den DFB-Pokal, 1975 und 1979 den UEFA-Cup und kombinierte sich 1977 ins Endspiel um den Europapokal der Landesmeister gegen den FC Liverpool.

Es waren die goldenen Jahre, das Fußball-Hoch am Niederrhein, mit Hauptdarstellern wie Kleff, Netzer, Wimmer, Heynckes, Laumen, Vogts, Bonhof, Stielike, Del'Haye sowie den Dänen Simonsen, le Fevre und Jensen, allesamt Mitglieder der sogenannten Fohlenelf. Deren Name erklärte sich zum einen aus dem jungen Durchschnittsalter und der hervorragenden Nachwuchsarbeit, die Manager Helmut Grashoff, Trainer Hennes Weisweiler und auch seine Nachfolger Udo Lattek und Jupp Heynckes zu nutzen wussten. Zum anderen aber auch aus dem anspruchsvollen und erfrischenden Offensivfußball, den die Mannschaft zeigte und sich

Maskottchen Juenter

den Gewinn des DFB-Pokals und sicherte einen weiteren Titel für den gut gefüllten Trophäenschrank. Der 100. Geburtstag musste fünf Jahre später allerdings in der 2. Bundesliga gefeiert werden. Nach dem Wiederaufstieg 2001, dem erneuten Abstieg von 2007 und der abermaligen Bundesliga-Rückkehr 2008 hofft der Traditionsclub nun im inzwischen neu gebauten Borussia-Park auf sportlich bessere Zeiten.

Borussia Mönchengladbach
Hennes-Weisweiler-Allee 1
41179 Mönchengladbach
www.borussia.de

Mönchengladbach

Wer hätte das gedacht?

Der Bökelberg, von 1919 bis 2004 Heimspielstätte von Borussia Mönchengladbach, wurde zu einer Legende. Gleich zwei besondere Begebenheiten trugen sich dort im Jahre 1971 zu.

Im April schrieb ein morsches Stück Holz Geschichte: Nach einem Zweikampf zwischen Angreifer Herbert Laumen und dem Bremer Torwart Günter Bernard zwei Minuten vor Spielende brach der Pfosten eines Tores und konnte nicht wieder aufgerichtet werden, obwohl die Spieler selbst sich als Handwerker versuchten. Die Bundesliga-Begegnung wurde beim Stand von 1:1 abgebrochen und mit 2:0 für den SV Werder gewertet. Der Pfostenbruch vom Bökelberg: ein Stück Bundesliga-Geschichte.

International machte den Bökelberg der sogenannte „Büchsenwurf" bekannt. In einem großartigen Europapokal-Spiel bezwangen die Borussen das Topteam von Inter Mailand mit 7:1. Doch weil Gäste-Spieler Roberto Boninsegna angeblich durch eine auf den Platz geworfene Getränkedose am Kopf verletzt wurde, wurde das Spiel wiederholt: Gladbach schied gegen die Italiener aus.

Borussia Mönchengladbach

Gründung:	01.08.1900
Meisterschaften:	5
Pokalsiege:	3
Mitgliederzahl:	42.000
Meiste Pflichtspiele:	Hans-Hubert Vogts (419)
Meiste Tore:	Jupp Heynckes (195)
Stadion:	Borussia-Park 54.067 Zuschauer

Heim- und Auswärtstrikot:

Die Platzierungen 1993 bis 2010:

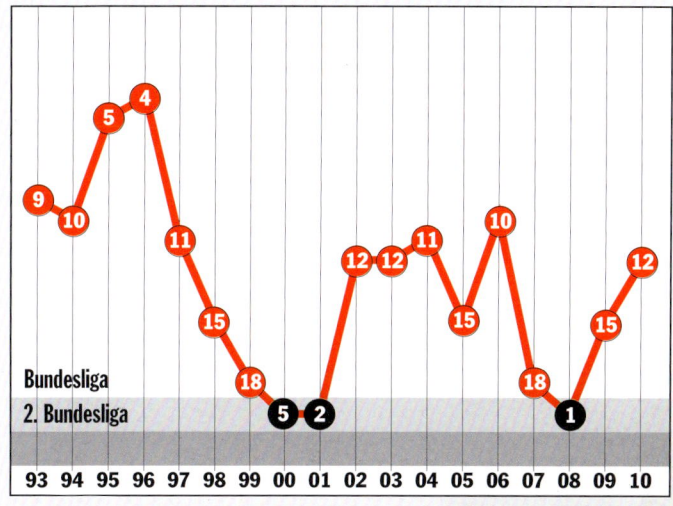

Der Boss mit der Meisterfrage

1948 war der 1. FC Köln aus einem Zusammenschluss der beiden Stadtteilclubs Kölner BC 01 und SpVgg Sülz 07 hervorgegangen. Franz Kremer, Präsident des KBC, hatte jahrelang auf diese Geburtsstunde hingearbeitet. Der umtriebige Organisator wollte seiner Stadt endlich konkurrenzfähigen Fußball bieten, nachdem die kleinen Kölner Clubs gegen die Wettbewerber aus dem Ruhrgebiet jahrzehntelang chancenlos gewesen waren. Mit den Stadtfarben Rot und Weiß, dem Kölner Dom im Wappen und der Frage „Wollt ihr mit mir Deutscher Meister werden?" warb Kremer für seine Idee und hatte als Präsident des jungen 1. FC Köln schnell Erfolg. Schon ein Jahr nach der Gründung gelang der Aufstieg in die Oberliga, der damals höchsten Spielklasse. Bis zur Einführung der Bundesliga 1963 qualifizierte sich der Club achtmal für die Endrunde zur Deutschen Meisterschaft, die 1962 erstmals gewonnen werden konnte.

Kremer, der in Köln nur noch „der Boss" genannt wurde, verlieh dem Club früh professionelle Strukturen und wartete immer wieder mit neuen und revolutionär erscheinenden Ideen auf: Man beschäftigte neben einem Fußball-Trainer als erster Club einen Torwart-Trainer, verfügte über eine moderne Infrastruktur und überließ bei der Verpflichtung neuer Spieler nichts dem Zufall. Viele andere Clubs nahmen sich den 1. FC Köln zum Vorbild und eiferten ihm nach.

Fast schon logisch, dass die erste Meisterschaft der Bundesliga, an deren Einführung Kremer entscheidend mitgewirkt hatte, 1964 in Köln gefeiert wurde. Es blieb nicht die letzte: Es folgten 1978 ein weiterer Meistertitel,

1965, 1973, 1982, 1989 und 1990 fünf Vizemeisterschaften, 1968, 1977, 1978 und 1983 vier Siege im DFB-Pokal und fünf weitere Endspielteilnahmen für den Club, der immer wieder große Fußballer herausgebracht hatte, wie Wolfgang Overath, Wolfgang Weber, Hannes Löhr, Dieter Müller, Pierre Littbarski, Thomas Häßler, Toni Schumacher, Bodo Illgner und nicht zuletzt Lukas Podolski.

Maskottchen Hennes

Mit dem ersten Abstieg von 1998 erfuhr der 1. FC Köln gleichzeitig eine große Sympathiewelle: Es wurden neue Fan-Clubs gegründet und die Mitgliederzahl beim 1. FC Köln stieg. „Echte Fründe ston zesamme" – wie man in der Domstadt sagt. Inzwischen schon seit 2004 wird der Club von Wolfgang Overath geführt, ehemaliger Mittelfeldspieler des Clubs, der in 765 Spielen 287 Tore für den 1. FC Köln erzielte. 41 Jahre zuvor war er vom „Boss" selbst verpflichtet worden.

1. FC Köln
Franz-Kremer-Allee 1-3
50937 Köln
www.fc-koeln.de

Köln

Wer hätte das gedacht?

Die Meisterschaft war vor dem 34. Spieltag der Saison 1977/78 bereits greifbar nah. Ein Sieg beim Absteiger FC St. Pauli sollte genügen, um den punktgleichen und in der Tordifferenz um zehn Treffer schlechteren Verfolger Borussia Mönchengladbach auf Distanz zu halten. Nach der 1:0-Pausenführung durch Heinz Flohe sah alles perfekt aus – bis der Zwischenstand aus dem Düsseldorfer Rheinstadion bekannt wurde, wo Borussia Mönchengladbach gegen Borussia Dortmund nach 45 Minuten mit 6:0 führte und in der Tabelle nur noch fünf Tore schlechter war als der 1. FC Köln. Die Mönchengladbacher gewannen am Schluss sogar 12:0, das bis heute höchste Ergebnis der Bundesliga-Geschichte. Doch der 1. FC Köln hatte erfolgreich gekontert und selbst mit 5:0 gewonnen. In einem packenden und spannenden Saisonfinale sicherte sich die Mannschaft aus der Domstadt verdient die Deutsche Meisterschaft.

1. FC Köln

Gründung:	13.02.1948
Meisterschaften:	3
Pokalsiege:	4
Mitgliederzahl:	49.000
Meiste Pflichtspiele:	Harald Schumacher (422)
Meiste Tore:	Johannes Löhr (166)
Stadion:	RheinEnergieStadion 50.000 Zuschauer

Heim- und Auswärtstrikot:

Die Platzierungen 1993 bis 2010:

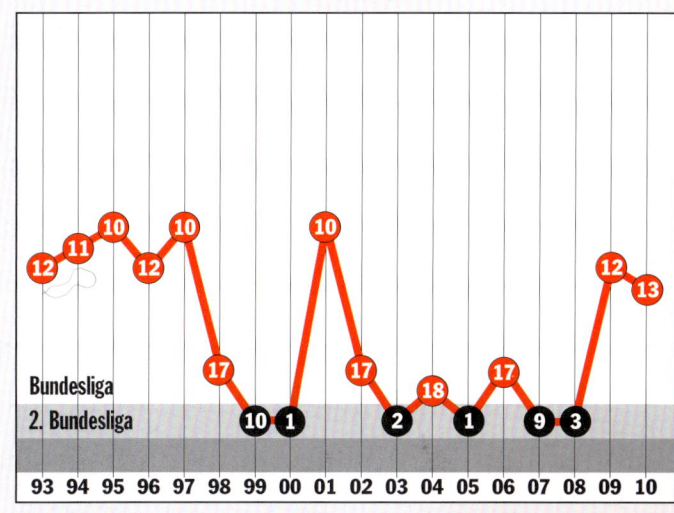

Die Talentschmiede im Breisgau

Meister der 2. Bundesliga 2009

1978 war das Jahr, in welchem dem SC Freiburg der Aufstieg in die 2. Bundesliga gelang. Jahrzehntelang fristete man eine Art Schattendasein auf der Fußball-Landkarte, während der Stadtrivale, der Freiburger FC, glänzen konnte. Als der Freiburger FC 1982 aus der 2. Bundesliga abstieg, war die Wachablösung vollzogen. Der SC Freiburg wurde zum Dauerbrenner der zweithöchsten Spielklasse und rangiert in der Ewigen Tabelle auf dem fünften Rang.

Ali Günes, Torsten Frings (1998)

Volker Finke

Immer häufiger findet sich der Club in der Bundesliga wieder. Der erste Aufstieg gelang 1993, zwei Jahre nach dem Amtsantritt von Volker Finke, der 16 Jahre und damit länger als alle anderen Trainer im deutschen Profifußball im Amt blieb. Die ruhige, konzeptionelle und nachhaltige Philosophie der Freiburger wurde entscheidend auch durch den 1. Vorsitzenden Achim Stocker geprägt. Durch einen dritten Tabellenplatz in der Saison 1994/95 qualifizierte sich der SC Freiburg in seiner zweiten Bundesliga-Saison sensationell für den UEFA-Cup.

Ein gutes Scoutingsystem sowie eine hohe Durchlässigkeit im Profikader für junge, talentierte Spieler – auch aus der vorbildlichen Freiburger Fußballschule – machten es möglich den Erfolg zu bewahren.

2001, der Sportclub hatte zwischendurch ein Jahr in der 2. Bundesliga verbracht, qualifizierte man sich erneut für den UEFA-Cup und schaffte es diesmal bis in die dritte Runde.

Längst ist Trainer Robin Dutt in eine Rolle als erfolgreicher Trainer gewachsen, mit dem 2009 die Rückkehr in die Bundesliga gelang. Der SC Freiburg bleibt ein Musterbeispiel dafür, wie man mit stetigem Aufbau der eigenen, jungen Spieler viel erreichen kann. Talente wie U-19-Europameister Ömer Toprak, Julian Schuster, Felix Bastians und Jan Rosenthal stehen für den Stil, den Dutt seit 2007 prägt. Vor allem in der Saison 2010/11 begeistert der Sportclub mit seinem schnellen Kurzpassspiel nicht nur den badischen Süden. Und mit der Verpflichtung von Torjäger Papiss Demba Cissé ist dem Trainer und Sportdirektor Dirk Dufner ein absoluter Glücksgriff gelungen. Der Senegalese hat sich in kurzer Zeit zu einem der treffsichersten Bundesliga-Stürmer entwickelt.

SC Freiburg
Schwarzwaldstr. 193
79117 Freiburg
www.scfreiburg.com

Freiburg

Wer hätte das gedacht?

Er war ein Glücksfall für den SC Freiburg, der langjährige 1. Vorsitzende Achim Stocker, obwohl er seine Dienste zuerst dem Clubnachbarn Freiburger FC angeboten hatte.

Diese lehnten dankend ab – und so ging Achim Stocker zum SC Freiburg. Stocker führte den Sport-Club Freiburg von 1972 an bis zu seinem Tod 2009 aus der Drittklassigkeit bis in den Europapokal. Mit seiner mehr als 37 Jahre dauernden Dienstzeit ist er der dienstälteste Clubchef im deutschen Profifußball. Spiele seiner Mannschaft hat er nie live im Stadion verfolgt, sondern sich zu Hause am Fernseher durch Videotext informiert.

SC Freiburg

Gründung:	30.05.1904
Meisterschaften:	0
Pokalsiege:	0
Mitgliederzahl:	2.500
Meiste Pflichtspiele:	Andreas Zeyer (236)
Meiste Tore:	Alexander Iashvili (29)
Stadion:	badenova-Stadion 24.000 Zuschauer

Heim- und Auswärtstrikot:

Die Platzierungen 1993 bis 2010:

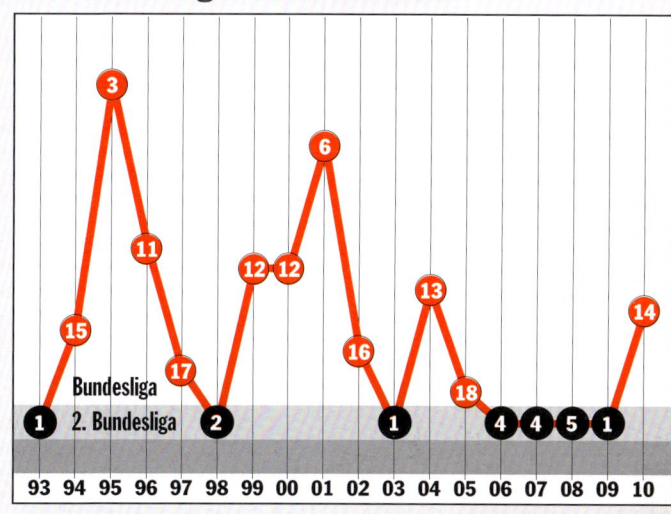

Drei
sensationelle
Paukenschläge

Wo geschah im Jahr 1954 ein Wunder? Richtig, in der Schweizer Hauptstadt Bern. Völlig überraschend wurde Deutschland durch einen 3:2-Sieg gegen die hoch favorisierten Ungarn Weltmeister. Mit den Walter-Brüdern Fritz und Ottmar, Werner Liebrich, Horst Eckel und Werner Kohlmeyer standen gleich fünf Spieler des 1. FC Kaiserslautern in der deutschen Mannschaft. Ein Quintett, das wenige Wochen zuvor das erste Fußball-Wunder des Jahres erlebt hatte. Im Endspiel um die Deutsche Meisterschaft in Hamburg sahen sich die spielstarken Pfälzer einer namenlosen und weitgehend unbekannten Mannschaft von Hannover 96 gegenüber, die den großen Favoriten sensationell mit 5:1 besiegte. Dies war schon der zweite Paukenschlag der Niedersachsen.

Hannover 96
Robert-Enke-Str. 1
30169 Hannover
www.hannover96.de

Hannover

Die Hannoveraner hatten bereits ihren ersten Meistertitel 16 Jahre zuvor mit einer großen Überraschung gewonnen: Die stärkste Mannschaft der Dreißigerjahre, der FC Schalke 04, wurde 1938 vor 94.000 Zuschauern in Berlin mit einem 4:3 nach Verlängerung bezwungen. Dies war 1938 das zweite Finale um die Deutsche Meisterschaft. Denn trotz Verlängerung war das erste Endspiel mit einem 3:3 unentschieden abgepfiffen worden und musste daher wiederholt werden.

Der dritte Titel der Geschichte und somit auch der dritte Paukenschlag ließ lange auf sich warten, war aber nicht minder beeindruckend. 1992 gewann Hannover 96 als erster Club der 2. Bundesliga den DFB-Pokal, was vor allem Torwart und Club-Idol Jörg Sievers zu verdanken war. Im Halbfinale entschied dieser das Elfmeterschießen, als er gleich mehrfach parieren konnte und den letzten Elfmeter selbst verwandelte. Auch im DFB-Pokal-Endspiel wuchs Sievers im Duell des Schützen gegen den Torwart über sich hinaus. Hannover 96 siegte mit 4:3 nach Elfmeterschießen.

Nach dem Beginn des Engagements von Geschäftsführer Martin Kind, der den Club modernisierte, führte der Weg wieder zurück in die Bundesliga. Dort wollen sich die „Roten" fest etablieren. In der Saison 2009/10 wurde der Klassenerhalt geschafft, obwohl die 96-Mannschaft durch den tragischen Tod ihres Nationaltorhüters Robert Enke lange geschockt war. Danach gelang Hannover 96 die „beste Hinrunde aller Zeiten" mit einem sensationellen vierten Tabellenplatz zur Winterpause 2010/11.

DFB-Pokalfinale 1992: Torwart Jörg Sievers pariert einen Elfmeter.

Die AWD-Arena in Hannover

Wer hätte das gedacht?

Europapokal in Hannover – die Vorfreude auf die Auslosung war groß, nachdem man sich durch den DFB-Pokalsieg 1992 für das internationale Geschäft qualifiziert hatte. Mit dem FC Liverpool, Atletico Madrid, AC Parma und AS Monaco waren namhafte Gegner im Lostopf vertreten. Glenavon Belfast, Avenir Beggen oder Valur Reykjavik standen dagegen für die durchaus schlagbare Konkurrenz. Doch statt eines internationalen Gegners oder einer großen Chance auf das Achtelfinale bekamen die Hannoveraner den SV Werder Bremen zugelost. Ausgerechnet der Nachbar, der als Titelverteidiger in einem Wettbewerb, in dem nur eine Mannschaft pro Land startet, ausnahmsweise eine zweite deutsche Mannschaft stellte. Ein nicht gerade herbeigesehntes Wiedersehen mit den Bremern, die das 96-Team auf dem Weg zum DFB-Pokalsieg im Halbfinale besiegt hatten. Nun aber bedeutete der 2:1-Sieg nach der 1:3-Hinspielniederlage das Aus – und Hannover 96 wartet bis heute auf sein nächstes Europapokal-Abenteuer.

Hannover 96

Gründung:	12.04.1896
Meisterschaften:	2
Pokalsiege:	1
Mitgliederzahl:	10.500
Meiste Pflichtspiele:	Jürgen Bandura (298)
Meiste Tore:	Hans Siemensmeyer (72)
Stadion:	AWD-Arena 49.000 Zuschauer

Heim- und
Auswärtstrikot:

Die Platzierungen 1993 bis 2010:

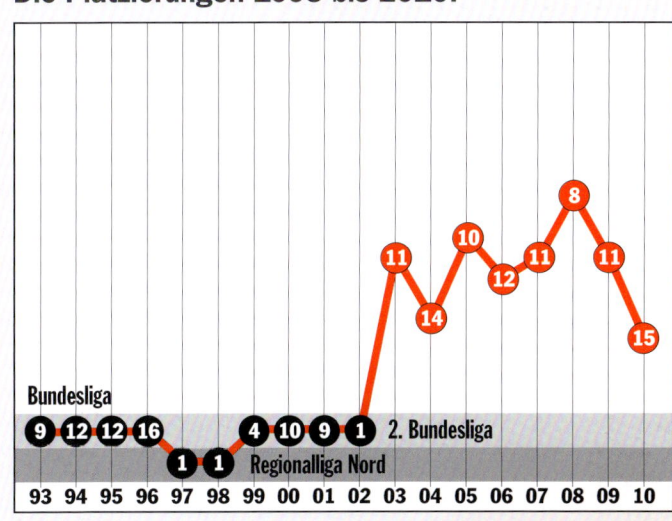

Die Goldenen Zwanziger der Clubberer

Die erste große Fußballmannschaft des Landes kam aus Nürnberg. Der 1. FC Nürnberg stellte nach dem Ersten Weltkrieg zeitweise die Hälfte der deutschen Nationalmannschaft und wurde zum Abonnement-Meister. Von 1920 bis 1927 hieß der deutsche Titelträger fünfmal 1. FC Nürnberg, der seine Goldenen Zwanziger erlebte. Mit Torwart Heinrich Stuhlfauth, Anton Kugler, Hans Kalb oder Luitpold Popp hatte er herausragende Spieler in seinen Reihen. Extraklasse, die auch außerhalb des Rasens Entscheidungen beeinflusste.

Walther Bensemann, Gründer und Herausgeber des Fachmagazins „kicker", verlegte die Redaktion 1926 von Ludwigshafen nach Nürnberg.

Schon damals nannte man den 1. FC Nürnberg nur ehrfurchtsvoll den „Club". Eine Bezeichnung, die auf die Zeit zu Beginn des 20. Jahrhunderts zurückgeht, als die Franken die Bezirksliga Nordbayern, die damals höchstmögliche Spielklasse, nach Belieben dominierten.

Nach einigen Neuordnungen der Spielklassen konnten die Nürnberger nach der Gründung der Oberliga Süd wieder ihre regionale Vormachtstellung einnehmen, wurden 1948 mit Club-Idol Max Morlock zum siebten Mal Deutscher Meister und schlossen die Ewige Tabelle 1963 als Erster ab. Mit der Einführung der Bundesliga endeten jedoch die goldenen Zeiten des Clubs. Zwar wurde der 1. FC Nürnberg 1968 noch einmal Meister, was ihm bis 1987 den Zusatz deutscher Rekordtitelträger sicherte, doch die Siebzigerjahre erlebten die Franken dann fast ausnahmslos in der 2. Bundesliga.

Erst Mitte der Achtzigerjahre, als der Club mit jungen Spielern wie Dieter Eckstein, Stefan Reuter, Roland Grahammer, Hansi Dorfner oder Thomas Brunner neuen Schwung entfachte, kehrte der Erfolg zurück. Zumindest für kurze Zeit. 1988 erlebte man mit dem Erreichen des UEFA-Cups noch einmal einen absoluten Höhepunkt. 1994 folgte jedoch der nächste Abstieg in die 2. Bundesliga, zwei Jahre später war der Club sogar erstmals nur noch drittklassig. Nach dem einjährigen Zwischenspiel wechselten sich Auf- und Abstiege lange Zeit ab. Mit dem Gewinn des DFB-Pokals 2007 konnte der Club dann wieder ein Glanzlicht in seiner Clubgeschichte setzen.

Die Fans jedoch stehen hinter „ihrem Club" – nicht zuletzt auch mit stolzem Blick auf die Tradition. Und so singen sie an jedem Wochenende im Stadion ihre Hymne „Die Legende lebt": „Ein Fels in wilder Brandung, der alles überstand. Er hielt in vielen Jahren so manchen Stürmen stand … Unser Club wird niemals untergehn."

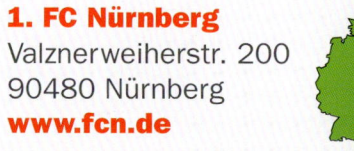

1. FC Nürnberg
Valznerweiherstr. 200
90480 Nürnberg
www.fcn.de

Nürnberg

Wer hätte das gedacht?

Es war 1968. Der Club hatte seine neunte Meisterschaft gefeiert, Trainer Max Merkel plante auch Erfolge auf der europäischen Fußballbühne und tauschte den halben Mannschaftskader aus. Doch statt der erhofften Auseinandersetzungen mit den Top-Clubs des Kontinents schieden die Nürnberger bereits in der ersten Runde gegen Ajax Amsterdam aus. Und es sollte noch schlimmer kommen. Zum ersten und bis heute einzigen Mal stieg der amtierende Deutsche Meister am Ende der nächsten Saison ab.

Auf den nächsten Titel mussten die Franken 39 Jahre warten. Und die Geschichte wiederholte sich. 2007 wurde der Club DFB-Pokalsieger und musste 2008 den Gang in die 2. Bundesliga antreten. 2009 erfolgte aber die direkte Rückkehr in das Oberhaus über die Relegationsspiele, in denen ein Jahr später auch der Klassenerhalt gesichert werden konnte.

1. FC Nürnberg

Gründung:	04.05.1900
Meisterschaften:	9
Pokalsiege:	4
Mitgliederzahl:	8.800
Meiste Pflichtspiele:	Thomas Brunner (328)
Meiste Tore:	Heinz Strehl (76)
Stadion:	easyCredit-Stadion 48.548 Zuschauer

Heim- und Auswärtstrikot:

Die Platzierungen 1993 bis 2010:

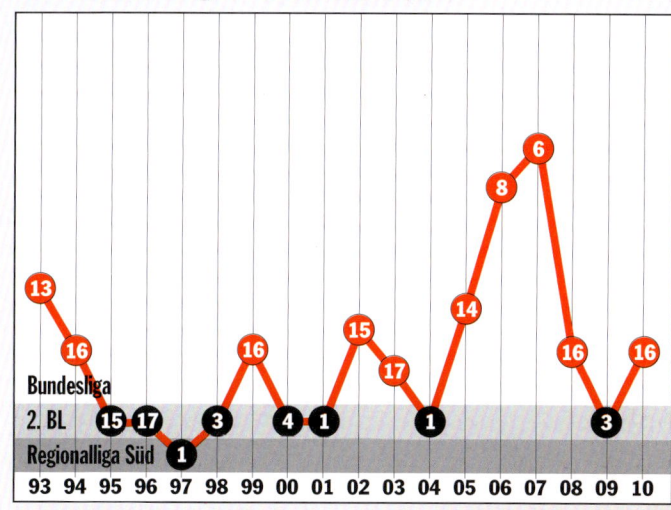

Durchmarsch der Roten Teufel

Meister der 2. Bundesliga 2010

Das hatte es in der Bundesliga noch nie gegeben. Mit dem 1. FC Kaiserslautern gewann 1998 erstmals ein Aufsteiger sensationell die Deutsche Meisterschaft. Was für eine triumphale Rückkehr nach dem unglücklichen Abstieg im Jahr 1996. Am letzten Spieltag der Saison führten die Pfälzer nach einem Tor des Tschechen

Der 1. FC Kaiserslautern im Mai 1996: zwischen Bundesliga-Abstieg (rechts Harry Koch) und DFB-Pokalsieg

Pavel Kuka mit 1:0 bei Bayer 04 Leverkusen und waren dem so dringend benötigten Sieg nah. Doch den Leverkusenern gelang noch der Treffer zum 1:1-Endstand, der den eigenen Klassenerhalt sicherte. In den Armen seines Weltmeisterkollegen Rudi Völler vergoss Andreas Brehme im Fernsehen bittere Tränen.
Doch die Trauer über den ersten Abstieg in der Geschichte des Clubs währte nicht lange. Nur eine Woche später wurde der Karlsruher SC im DFB-Pokalfinale mit 1:0 besiegt. Und ein Jahr später waren die Roten Teufel in nahezu unveränderter Besetzung schon wieder zurück in der Bundesliga.

Es sollte eine Saison werden, die einem Märchen glich. Gleich am 1. Spieltag gelang mit dem 1:0-Sieg beim Rekordmeister FC Bayern München ein Paukenschlag, dem weitere folgen sollten: Aus den ersten sieben Spielen holten die Pfälzer 19 von 21 möglichen Punkten. Es war die Grundlage für den Titel, der ebenso hochverdient wie überraschend gefeiert wurde, nachdem die Mannschaft von Trainer Otto Rehhagel an 32 Spieltagen der Saison an der Tabellenspitze gestanden hatte.
Eine ähnlich erfolgreiche Zeit wie in den Fünfzigerjahren, als die Pfälzer mit Fritz Walter einen der bedeutendsten deutschen Fußballer aller Zeiten in ihren Reihen hatten, schloss sich allerdings nicht an. Der „alte Fritz": Ehrenspielführer und Kapitän der Weltmeister-Elf von 1954. Zweimal, 1951 und 1953, holte er mit dem 1. FC Kaiserslautern die Deutsche Meisterschaft.

Nach der Deutschen Meisterschaft 1998 wurden die Pfälzer noch zweimal Fünfter. Doch 2006 folgte der zweite Abstieg und es dauerte dieses Mal vier Spielzeiten, bis die erneute Rückkehr gelang. Nun wollen die Pfälzer wieder zu dem werden, was sie über Jahrzehnte waren: ein fester Bestandteil der Bundesliga.

1. FC Kaiserslautern
Fritz-Walter-Str. 1
67663 Kaiserslautern
www.fck.de

Kaiserslautern

Wer hätte das gedacht?

Keine Heimstätte eines anderen Proficlubs trägt den Namen eines früheren Spielers, wie das beim 1. FC Kaiserslautern den Fall ist. Schon zu seinen Lebzeiten, zum 65. Geburtstag, wurde der Betzenberg in Fritz-Walter-Stadion umbenannt. Zu Ehren des Kapitäns der Weltmeister-Mannschaft von 1954, der im Verein ausschließlich für seine Roten Teufel gespielt hat und weit über die Pfalz hinaus zu einem Botschafter des Fußballs geworden war. Für Alt und Jung war der großartige Dirigent ein Idol. Auf besondere Art und Weise hat einmal ein kleiner Junge die Wertschätzung für das Vorbild zum Ausdruck gebracht. Danach gefragt, ob er den Namen kenne: „Fritz Walter? Das ist doch der, der Kaiserslautern erfunden hat."

1. FC Kaiserslautern

Gründung:	02.06.1900
Meisterschaften:	4
Pokalsiege:	2
Mitgliederzahl:	13.500
Meiste Pflichtspiele:	Werner Melzer (374)
Meiste Tore:	Klaus Toppmöller (108)
Stadion:	Fritz-Walter-Stadion 48.500 Zuschauer

Heim- und
Auswärtstrikot:

Die Platzierungen 1993 bis 2010:

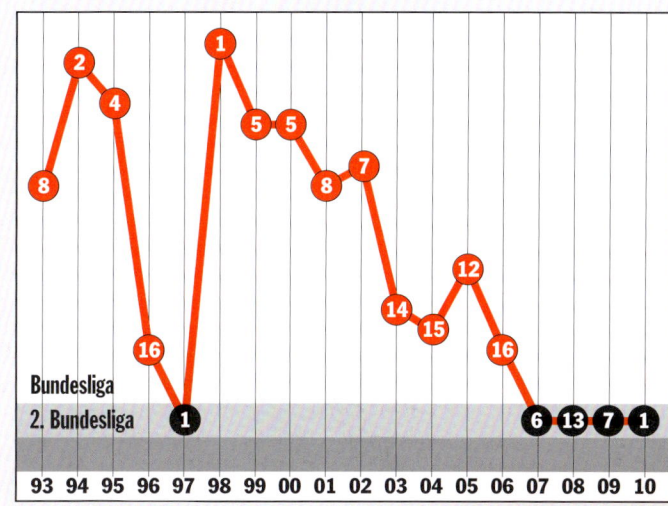

Fritz Walter und Andreas Brehme (1996)

Der ganz spezielle Club

Für einen Bundesliga-Club klingt das erklärte Ziel fast bescheiden: Top 25 in Deutschland. Die Verantwortlichen beim FC St. Pauli planen gewissenhaft und eher mittel- bis langfristig. Im Schatten des großen Nachbarn, des Hamburger SV, hat sich im Hafenstadtteil der Hansestadt ein Club mit solidem Wirtschaften und sehenswertem Fußball etabliert. Eine beachtliche Entwicklung, wenn man weiß, wie schlecht es dem Club vor nicht allzu langer Zeit ging. Überhaupt hat der FC St. Pauli in den vergangenen 25 Jahren nahezu alle Höhen und Tiefen erlebt und ein Image des sympathischen Außenseiters kultiviert. Kein Witz: Als es mal wieder am nötigen Geld

FC St. Pauli
Auf dem Heiligengeistfeld
20359 Hamburg
www.fcstpauli.com

Hamburg

fehlte, wurden bei Auswärtsspielen gar Sitzplätze für Fans im Mannschaftsbus verkauft, um diesen überhaupt noch bezahlen zu können. Im Jahr 2003 allerdings mussten größere Aktionen herhalten. Innerhalb von nur drei Monaten sollte ein Euro-Betrag in Millionenhöhe beschafft werden, um den Fortbestand des Clubs zu sichern. Eine schwierige Herausforderung, die auf Initiative des kreativen Präsidenten Corny Littmann, eines Theaterbesitzers, aber gemeistert wurde. Allein der Verkauf von 140.000 T-Shirts mit dem Aufdruck „Retter" bescherte dem Club eine Einnahme von 900.000 Euro. Weitere Aktionen wie Konzerte, Ausstellungen und ein Benefizspiel übertrafen die benötigte Summe deutlich.

Einmal mehr hatten sich die Braun-Weißen auf ihre Fans verlassen können, die seit Mitte der Achtzigerjahre scheinbar unabhängig von Erfolg und Liga das Millerntor-Stadion füllten. Eine Zeit, seit welcher den Club ein besonderes Flair umgibt. In der damals nicht mehr zeitgemäßen Spielstätte wehten Totenkopfflaggen, die Zuschauer feierten ihre Mannschaft auch bei Unentschieden und Niederlagen wie den neuen Deutschen Meister und Spieler wie Volker Ippig, André Golke, Dirk Zander, André Trulsen und Holger Stanislawski wurden zu Aufstiegshelden und Vorbildern.

Der Abstieg in die Regionalliga 2003 bedeutete zwar einen schweren Gang, aber immerhin schwang sich der Kiez-Club dank seiner Fans zum Zuschauerkrösus der Liga auf und übertraf 2003/2004 mit einem Durchschnitt von 17.374 Besuchern pro Spiel sogar alle Clubs der 2. Bundesliga. Doch um finanziell wieder auf die Beine zu kommen, war mehr nötig. 2006 schafften es die Hamburger bis ins Halbfinale des DFB-Pokals, wo man unglücklich gegen den FC Bayern München ausschied. Dennoch brachte dies die finanzielle Basis für die Trendwende, die Stanislawski in seinem ersten Trainerjahr 2007 mit dem Aufstieg in die 2. Bundesliga sportlich erfolgreich gestaltete. 2010 folgte genau passend zum 100-jährigen Clubjubiläum die Krönung, als die Mannschaft wieder in die Bundesliga aufstieg und von 80.000 Fans auf der Hamburger Reeperbahn gefeiert wurde. Parallel zum sportlichen Aufstieg war es dem inzwischen zurückgetretenen Littmann wichtig, sein Stadionprojekt inklusive Kindergarten zu verwirklichen, ein neues Trainingsgelände zu planen und den Club zu entschulden. Eine Entwicklung wie im Märchen. Heute ist der FC St. Pauli im In- und Ausland einer der beliebtesten Fußball-Clubs Deutschlands und versucht sich, trotz der zunehmenden Professionalisierung, dennoch das Besondere zu bewahren.

Wer hätte das gedacht?

In Hamburg heißt der Jahrmarkt Dom und steigt drei Mal pro Jahr für mehrere Wochen in direkter Nachbarschaft zum Millerntor-Stadion. Hier findet sich auch die Geburtsstunde des Totenkopfs.

Ein gewisser Doc Mabuse war es, der dort 1987 eher zufällig eine Piratenflagge mitnahm. Als er das nächste Mal zu einem Spiel des FC St. Pauli ging, befestigte er sie an einem Besenstiel, schwenkte sie auf der Gegengerade und fand schnell Nachahmer. Heute ist der „Jolly Roger", der Totenkopf, berühmter als das eigentliche Clubwappen selbst und ziert als Symbol des FC St. Pauli Millionen von Fanartikeln.

FC St. Pauli

Gründung:	1910
Meisterschaften:	0
Pokalsiege:	0
Mitgliederzahl:	8.500
Meiste Pflichtspiele:	André Trulsen (177)
Meiste Tore:	André Golke (25)
Stadion:	Millerntor-Stadion 24.487 Zuschauer
Heim- und Auswärtstrikot:	

Die Platzierungen 1993 bis 2010:

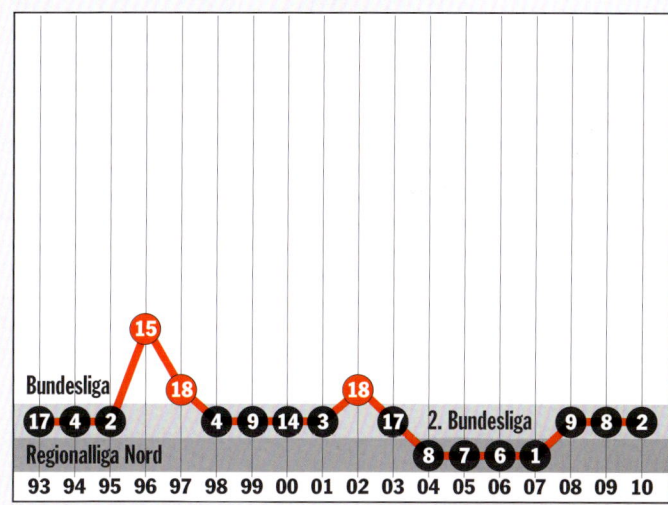

Hier spielt die
2. Bundesliga
2010/2011

VfL Bochum 1848

Rot-Weiß Oberhausen

MSV Duisburg

Fortuna Düsseldorf

Alemannia Aachen

FSV Frankfurt 1899

Karlsruher SC

VfL Osnabrück

DSC Arminia Bielefeld

SC Paderborn 07

SpVgg Greuther Fürth

FC Augsburg

FC Ingolstadt 04

TSV München 1860

Hertha BSC

1. FC Union Berlin

FC Energie Cottbus

FC Erzgebirge Aue

Die meisten Spiele

1.	**Willi Landgraf (Alemannia Aachen)**	**508**
2.	Joaquin Montanes (Alemannia Aachen)	479
3.	Karl-Heinz Schulz (SC Freiburg)	463
4.	Hans Wulf (Hessen Kassel)	440
5.	Wolfgang Krüger (Union Solingen)	428
6.	Hans-Jürgen Gede (Fortuna Köln)	416
7.	Andreas Helmer (SV Meppen)	411
8.	Gerd Paulus (Kickers Offenbach)	407
9.	Oliver Posniak (SV Darmstadt 98)	403
10.	Dirk Hupe (Fortuna Köln)	399

Die meisten Tore

1.	**Dieter Schatzschneider (Hannover 96)**	**153**
2.	Karl-Heinz Mödrath (Fortuna Köln)	150
3.	Theo Gries (Hertha BSC)	123
4.	Sven Demandt (1. FSV Mainz 05)	121
5.	Walter Krause (Kickers Offenbach)	119
6.	Daniel Jurgeleit (Union Solingen)	117
7.	Gerd-Volker Schock (VfL Osnabrück)	116
8.	Franz Gerber (FC St. Pauli)	115
	Paul Linz (VfL Osnabrück)	115
10.	Peter Cestonaro (SV Darmstadt 98)	111

Der amtierende Meister der 2. Bundesliga 2010 heißt 1. FC Kaiserslautern und spielt in der Saison 2010/2011 als Aufsteiger in der Bundesliga.

Alle Meister der 2. Bundesliga seit 1975

Jahr	Meister
2010	1. FC Kaiserslautern
2009	SC Freiburg
2008	Borussia Mönchengladbach
2007	Karlsruher SC
2006	VfL Bochum 1848
2005	1. FC Köln
2004	1. FC Nürnberg
2003	SC Freiburg
2002	Hannover 96
2001	1. FC Nürnberg
2000	1. FC Köln
1999	DSC Arminia Bielefeld
1998	Eintracht Frankfurt
1997	1. FC Kaiserslautern
1996	VfL Bochum 1848
1995	Hansa Rostock
1994	VfL Bochum 1848
1993	SC Freiburg
1992	Nord: Bayer Uerdingen Süd: 1. FC Saarbrücken
1991	FC Schalke 04
1990	Hertha BSC
1989	Fortuna Düsseldorf
1988	Stuttgarter Kickers
1987	Hannover 96
1986	FC 08 Homburg
1985	1. FC Nürnberg
1984	Karlsruher SC
1983	SV Waldhof Mannheim
1982	FC Schalke 04
1981	Nord: SV Werder Bremen Süd: SV Darmstadt 98
1980	Nord: DSC Arminia Bielefeld Süd: 1. FC Nürnberg
1979	Nord: Bayer 04 Leverkusen Süd: TSV München 1860
1978	Nord: DSC Arminia Bielefeld Süd: SV Darmstadt 98
1977	Nord: FC St. Pauli Süd: VfB Stuttgart
1976	Nord: Tennis Borussia Berlin Süd: 1. FC Saarbrücken
1975	Nord: Hannover 96 Süd: Karlsruher SC

... und zwischendurch

UEFA-Cup

Der VfL Bochum 1848 musste seit seinem Aufstieg in die Bundesliga 1971 nahezu in jeder Saison lange um den Klassenerhalt kämpfen, konnte am Ende aber über viele Jahre den Sturz in die Zweitklassigkeit verhindern. Die Blau-Weißen wurden deshalb lange Zeit die „Unabsteigbaren" genannt.

In ihrer Premierensaison 1971/72 waren die Bochumer eher als Außenseiter gestartet – bei der Einführung der Bundesliga 1963 spielten sie noch in der drittklassigen Oberliga. Doch nach 34 Spieltagen kam der VfL Bochum 1848 auf einen stolzen 9. Platz. Mit Kampf und Leidenschaft gelang anschließend Clubidolen wie Michael „Ata" Lameck, Lothar Woelk, Uwe Leifeld, Franz-Josef „Jupp" Tenhagen, Walter Oswald, Stefan Kuntz, Uwe Wegmann oder Torwart Ralf Zumdick der alljährliche Klassenerhalt.

1993, nach 22 Jahren durchgehender Zugehörigkeit zur 1. Bundesliga, passierte es dann doch: Der VfL Bochum musste zum ersten Mal den Gang in Liga zwei antreten. „Unabsteigbar" war passé, bald schallten andere Gesänge

durch das Stadion an der Castroper Straße: „Wir steigen auf, wir steigen ab. Und zwischendurch UEFA-Cup." Tatsächlich hatte sich der VfL Bochum 1997 sensationell und zum ersten Mal für den Europapokal qualifiziert und schaffte es unter Trainer Klaus Toppmöller sogar bis in das Achtelfinale gegen Ajax Amsterdam. Nach zwei weiteren Ab- und Aufstiegen – der VfL Bochum war nie zwei Spielzeiten in Folge in der 2. Bundesliga zu Hause – qualifizierten sich die Westfalen 2004 als Tabellenfünfter erneut für das internationale Geschäft.

2004 war die Rekordsaison des VfL Bochum 1848, der mit 56 Punkten das beste Ergebnis seiner Bundesliga-Zugehörigkeit schaffte. Mit Cheftrainer Peter Neururer schien ein neues Zeitalter zu beginnen. Die Aussichten waren vielversprechend, zumal die Lokalrivalen Borussia Dortmund und FC Schalke 04 in der Tabelle überflügelt worden waren. In der 1. Runde des UEFA-Cups war dann jedoch Endstation. Nach einem 0:0 im Hinspiel führte der VfL Bochum 1848 mit 1:0 gegen Standard Lüttich, musste in der zweiten Minute der Nachspielzeit aber den Ausgleich der Belgier hinnehmen und schied aus. Der Schock saß tief und führte zusammen mit anderen unglücklichen Entscheidungen dazu, dass der Verein im Mai 2005 wieder abstieg.

Selbstverständlich schaffte es die Mannschaft unter Marcel Koller anschließend in die Bundesliga zurückzukehren, in der sie der Coach aus der Schweiz drei Jahre halten konnte. Im Sommer 2010 hingegen wurde die Qualifikation für das Oberhaus des deutschen Profifußballs verpasst, aktuell ist der Verein jedoch auf einem guten Weg, zum sechsten Mal direkt wieder aufzusteigen.

Das Bochumer rewirpowerSTADION

Peter Peschel und Mirko Dickhaut beim 5:3 über Trabzonspor (UEFA-Cup, 1997)

Wer hätte das gedacht?

Der Name VfL Bochum wird in der offiziellen Schreibweise um ein 1848 ergänzt. Auch im blau-weißen Wappen des Clubs ist die Jahreszahl verankert. Gegründet wurde der Verein aber erst 1938 im Rahmen eines Zusammenschlusses von TuS Bochum 08, SV Germania Bochum 06 und dem Turnverein 1848 Bochum, der zwar erst am 18. Februar 1849 offiziell seine Geburtsstunde erlebte, dessen Mitglieder ihren Sport jedoch im Sinne der bürgerlichen Revolution von 1848 ausübten. Gegründet wurde der VfL Bochum also nicht 1848, auch wenn die Jahreszahl bis heute in Wappen und Clubnamen zu finden ist.

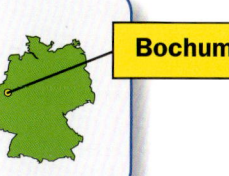

VfL Bochum 1848
Castroper Str. 145
44791 Bochum
www.vfl-bochum.de

Bochum

VfL Bochum 1848

Gründung:	1938, offiziell 1848
Meisterschaften:	0
Pokalsiege:	0
Mitgliederzahl:	3.400
Meiste Pflichtspiele:	Michael Lameck (518)
Meiste Tore:	Hans-Joachim Abel (60)
Stadion:	rewirpowerSTADION 29.448 Zuschauer

Heim- und Auswärtstrikot:

Die Platzierungen 1993 bis 2010:

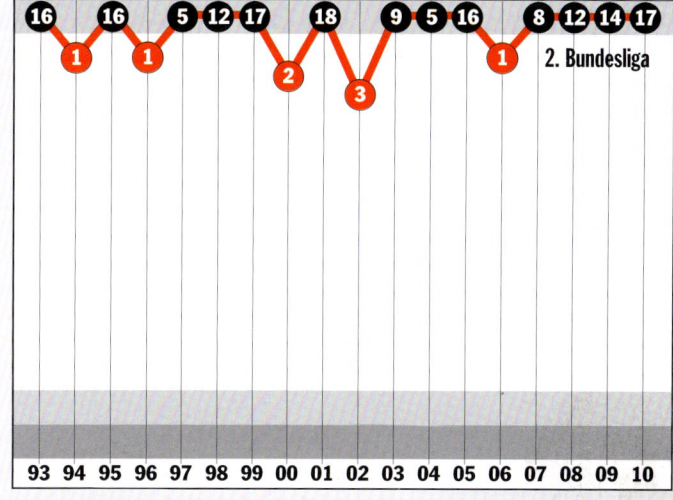

16 16 5 12 17 18 9 5 16 8 12 14 17
1   1   2   3   1   2. Bundesliga

93 94 95 96 97 98 99 00 01 02 03 04 05 06 07 08 09 10

Aus Berlin.
Für Berlin.

Hertha BSC ist der Rekordhalter unter den Zweitligisten in Europa: Knapp 40.000 Zuschauer verzeichnete der Berliner Traditionsclub in der Vorrunde der Saison 2010/2011 bei den Heimspielen im Berliner Olympiastadion im Schnitt. Damit wird Hertha BSC als einziger Zweitligist in den top 30 der am besten besuchten Vereinen Europas verzeichnet. Und welcher Zweitligist kann schon darauf verweisen, knapp 75.000 Besucher im Stadion zu haben? Hertha BSC kann es: Das Derby gegen den 1. FC Union Berlin war Wochen vor dem Spiel bereits ausverkauft.

Nach dem völlig unerwarteten Abstieg im Jahr 2010 machte Hertha BSC schnell ernst mit seiner Ankündigung, sofort wieder aufsteigen zu wollen. Die von Geschäftsführer Michael Preetz und dem neuen Trainer Markus Babbel neu zusammengestellte Mannschaft galt der gesamten Liga-Konkurrenz vom Saisonstart an als hoher Favorit und unterstrich, gespickt mit vielen jungen Talenten aus dem eigenen Nachwuchs – schnell ihre Klasse.
Zwei Mal wurde die liebevoll als „Alte Dame" bezeichnete Hertha Deutscher Meister, 1930 und 1931. Seit der Bundesliga-Einführung 1963 spielten die Berliner 29 Jahre im Oberhaus, waren 16 Jahre zweitklassig – mussten allerdings 1986 auch für 24 Monate in die drittklassige Amateur-Oberliga Berlin.

Für den größten Erfolg dieser Zeit sorgten die Amateure des Clubs, als sie 1993 in das Finale um dem DFB-Pokal vordrangen, im heimischen Olympiastadion Bayer 04 Leverkusen dann aber knapp 0:1 unterlagen.
Als sich 1996 unter dem Vorsitz von Bernd Schiphorst ein Wirtschaftsrat mit Größen aus der Politik und von Unternehmen gebildet hatte, zogen Nachhaltigkeit und Beständigkeit beim Hertha BSC ein. Mit Trainer Jürgen Röber gelang 1997 die dauerhafte Rückkehr in die Bundesliga. Regelmäßig qualifizierten sich die Berliner nun für den Europapokal, nahmen an der UEFA Champions League, dem UEFA-Cup und dessen Nachfolgewettbewerb, der UEFA Europa League, teil.
Die Zuschauerzahlen überschritten nun meist die 40.000er-Grenze. Und mit dem Schweizer Trainer Lucien Favre schien der große Wurf zu gelingen. Noch im Frühjahr 2009 stand Hertha BSC an der Tabellenspitze, musste sich am Ende aber mit dem vierten Platz zufriedengeben.
Eindrucksvoll ist bei Hertha BSC zu beobachten, wie die Fans hinter ihrem Club stehen. Nach dem Bundesliga-Abstieg im Mai 2010 stiegen die Mitgliederzahlen des Clubs und auch die Anzahl der Dauerkartenbesitzer. Ein Zeichen dafür, dass die Berliner auch in solchen Zeiten mit ihrer Hertha fiebern.

Hertha BSC
Hanns-Braun-Str./Friesenhaus 2
14053 Berlin
www.herthabsc.de

Berlin

Maskottchen Hertinho

Wer hätte das gedacht?

Der Name Hertha geht nicht auf eine Frau mit dem selben Vornamen zurück, sondern auf einen Dampfer, der 1892 in Berlin über die Havel schipperte. Auf dem war der Neffe des ersten Club-Vorsitzenden Ernst Wisch, Fritz Lindner, im Juli über den Wannsee gefahren, und an jene Fahrt erinnerte er sich, als er gemeinsam mit seinem Bruder Max sowie Otto und Willi Lorenz über den Namen für den neuen Club nachdachte. Vier Jugendliche im Alter von 16 bis 17, die den volljährigen Onkel der Lindners benötigten, um den Club einzutragen. Hertha sollte er heißen, wie das Schiff. Kurzerhand wurden auch gleich die Farben des Schornsteins übernommen: Blau, Weiß und das heute nicht mehr verwendete Gelb.

Hertha BSC

Gründung:	25.07.1892
Meisterschaften:	2
Pokalsiege:	0
Mitgliederzahl:	17.450
Meiste Pflichtspiele:	Pal Dardai (284)
Meiste Tore:	Michael Preetz (84)
Stadion:	Olympiastadion Berlin 74.220 Zuschauer

Heim- und Auswärtstrikot:

Die Platzierungen 1993 bis 2010:

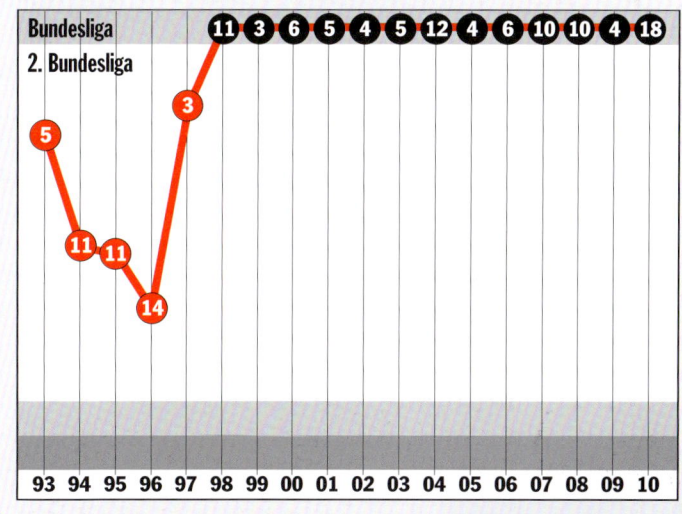

| Bundesliga | | | | | 11 | 3 | 6 | 5 | 4 | 5 | 12 | 4 | 6 | 10 | 10 | 4 | 18 |
| 2. Bundesliga | 5 | 11 | 11 | 14 | 3 | | | | | | | | | | | | |

| 93 | 94 | 95 | 96 | 97 | 98 | 99 | 00 | 01 | 02 | 03 | 04 | 05 | 06 | 07 | 08 | 09 | 10 |

Den
Nachwuchs
zum
Vorbild

FCA – die gängige Abkürzung des Clubs aus Bayerisch-Schwaben steht für Fußball-Club Augsburg, konnte aber auch jahrzehntelang als FC-A-Jugend verstanden werden. Denn es war vornehmlich die Nachwuchsabteilung des Clubs, der bis 1969 noch unter dem Namen Ballspiel-Club Augsburg (BCA) am Spielbetrieb teilnahm, die für sportliche Schlagzeilen sorgte. In den frühen Jahren spielte Helmut Haller diese Rolle überragend. Nach einem überaus erfolgreichen Italien-Gastspiel kehrte der „verlorene Sohn" und Vizeweltmeister von 1966 zurück und ist bis heute ein Augsburger Idol. Die Weltmeister Karl-Heinz Riedle, Raimond Aumann und

Europameister Bernd Schuster kommen ebenfalls aus der Talentschmiede des traditionsreichen Clubs.

Dennoch steckte der FC Augsburg zwischenzeitlich in der Drittklassigkeit fest und musste im Jahr 2000 sogar den Weg in die viertklassige Oberliga Bayern antreten. Doch vor allem durch das Engagement des heutigen Vorstandsvorsitzenden Walther Seinsch und von Geschäftsführer Andreas Rettig wurde der Weg zum Profifußball geebnet. Die Augsburger setzten sich ehrgeizige Ziele und der Erfolg ließ nicht lange auf sich warten: 2002 stieg der FC Augsburg in die Regionalliga auf und setzte sich dort auf Anhieb in der Spitzengruppe fest. Auch der nächste Aufstieg war nur eine Frage der Zeit. Wurde der Sprung nach oben 2005 noch am letzten Spieltag mit einer durch Gegentore in der 86. und 90. Minute verursachten 1:2-Niederlage gegen SSV Jahn Regensburg verpasst, konnte er ein Jahr später überlegen verwirklicht werden. Als Meister der Regionalliga Süd stiegen die Schwaben direkt in die 2. Bundesliga auf und waren nach 23 Jahren Pause nun wieder im Profifußball vertreten.

Und auch in der 2. Bundesliga sollte es nicht lange dauern, bis sich der FC Augsburg gefestigt hatte. Schon zur Saison 2009/2010 galt die Augsburger Mannschaft von Trainer Jos Luhukay als Mitfavorit auf den Aufstieg. Auch mit Hilfe der neuen impuls arena wurden die Schwaben ihrer Rolle gerecht: Sie erreichten den dritten Tabellenplatz und das Halbfinale im DFB-Pokal, das mit 0:2 beim SV Werder Bremen verloren wurde. Der Traum von der Bundesliga platzte für die Mannschaft um Torjäger Michael Thurk in den Relegationsspielen gegen den 1. FC Nürnberg – vorerst, denn der FC Augsburg strebt weiter die Erstklassigkeit an.

FC Augsburg
Donauwörther Str. 170
86154 Augsburg
www.fcaugsburg.de

Augsburg

1. FC NÜRNBERG : FC AUGSBURG

Wer hätte das gedacht?

Wirklich überraschend kam der 4:1-Sieg am 21. August 2010 im bayerischen Derby beim FC Ingolstadt nicht. Die Ingolstädter waren gerade aus der 3. Liga aufgestiegen, während der FC Augsburg drei Monate zuvor nur knapp den Zug in die Bundesliga verpasst hatte.

Und dennoch – dieser Auswärtssieg war etwas ganz Besonderes für die Augsburger. Damit konnten sie ihren Startfluch beenden. Ein Jahr zuvor hatten sie die Saison mit einem 1:3 gegen den FC Energie Cottbus begonnen, 2008 hatte es eine 1:2-Niederlage beim 1. FC Nürnberg gesetzt, 2007 eine 2:6-Pleite gegen den TSV München 1860 und auch 2006 war der Auftakt verlorengegangen: mit einem 0:2 gegen den 1. FC Köln. Seit dem Wiederaufstieg 2006 hatte es am ersten Spieltag immer nur Niederlagen gegeben. Nun ist dieser Bann also gebrochen.

FC Augsburg

Gründung:	08.08.1907
Meisterschaften:	0
Pokalsiege:	0
Mitgliederzahl:	2.150
Meiste Pflichtspiele:	–
Meiste Tore:	–
Stadion:	impuls arena 30.660 Zuschauer

Heim- und Auswärtstrikot:

Die Platzierungen 1993 bis 2010:

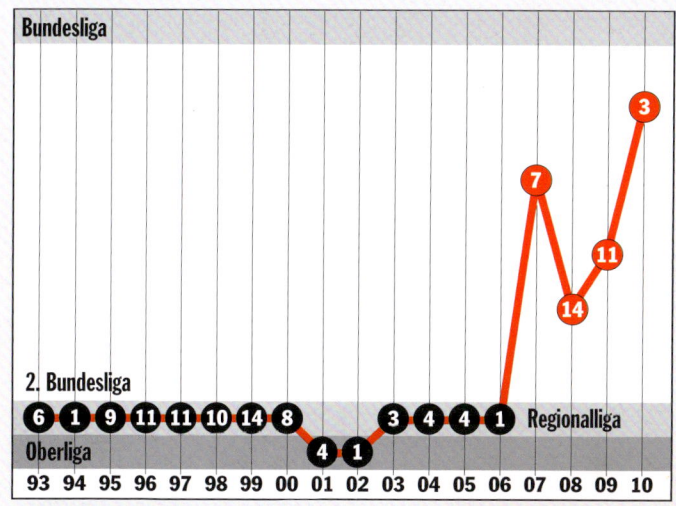

	93	94	95	96	97	98	99	00	01	02	03	04	05	06	07	08	09	10
Bundesliga																		
																	3	
															7		11	
																14		
2. Bundesliga	6	1	9	11	11	10	14	8			3	4	4	1	Regionalliga			
Oberliga									4	1								

Eine Brotfabrik als Namensgeber

1933 war man im Müngersdorfer Stadion in Köln Deutscher Meister geworden, hatte herausragende Spieler wie Torhüter Toni Turek, einen der Helden von Bern beim WM-Gewinn 1954, Paul Janes sowie die Allofs-Brüder Klaus und Thomas hervorgebracht und 22 Jahre in der Bundesliga gespielt. Mit Kapitän und Clubidol Gerd Zewe wurde von 1978 bis 1980 drei Mal in Folge das Endspiel um den DFB-Pokal erreicht und die begehrte Trophäe dabei zwei Mal gewonnen: 1979 und 1980. Am 23. Juni 1979 wurde das Endspiel-Trauma von fünf verlorenen Pokalendspielen durch den Treffer von Wolfgang Seel in der 116. Spielminute endlich überwunden. Das Team um den damaligen Trainer Tippenhauer kehrte als DFB-Pokalsieger nach Düsseldorf zurück. Nur ein paar Wochen zuvor, am 16. Mai 1979, hatte einer der größten Tage in der Clubgeschichte von Fortuna Düsseldorf stattgefunden. Nach einer großartigen Leistung ging das Europacup-Endspiel im Pokalsieger-Wettbewerb mit 3:4 nach Verlängerung gegen den großen FC Barcelona nur knapp verloren.

Gut zwei Jahrzehnte später – 2002 – erhielt Fortuna Düsseldorf eine neue Spielstätte. Das alte Rheinstadion wurde abgerissen und machte einer Mehrzweck-Arena Platz. Mittlerweile spielte die Fortuna allerdings in der viertklassigen Oberliga.

Doch der 1895 gegründete Club rappelte sich wieder auf. Der Name Fortuna geht übrigens nicht auf die römische Schicksals- und Glücksgöttin zurück, sondern auf ein an den Gründungsvätern vorbeifahrendes Pferdefuhrwerk einer gleichnamigen Brotfabrik.

2004 gelang, auch dank der treuen Fans, die Rückkehr in die damals noch drittklassige Regionalliga. Nachdem man sich 2008 für die neu eingeführte 3. Liga qualifizieren konnte, wurde am 23. Mai 2009 ein neuer Zuschauerrekord für diese Ebene in Deutschland aufgestellt. 50.095 Besucher wurden Zeuge, wie Fortuna mit 1:0 gegen Werder Bremen II siegte und somit in die 2. Bundesliga zurückkehrte. Ein Jahr darauf wäre der Mannschaft von Trainer Norbert Meier beinahe der direkte Durchmarsch gelungen. Nur knapp verpasste der heimstarke Club diese Sensation. Am Ende belegten die Düsseldorfer hinter dem 1. FC Kaiserslautern, dem FC St. Pauli und dem FC Augsburg den vierten Tabellenplatz. Bei Fortuna werden wieder größere Brötchen gebacken.

Wer hätte das gedacht?

Campino

In den Jahren 2001 bis 2003 bot sich den Fortuna-Zuschauern ein ungewöhnliches Bild. Die Spieler trugen einen Totenkopf auf ihrem Trikot und liefen mit diesem über die Plätze der Regional- und Oberliga. Was war passiert? Was hatte dieses Symbol zu bedeuten?

Wer genauer hinsah, der erkannte den Totenkopf als Logo der deutschen Rockband „Die Toten Hosen" mit dem fußballbegeisterten Frontmann Campino. Diese griffen ihrem Lieblingsclub finanziell unter die Arme und durften im Gegenzug für zwei Jahre ihr Logo auf den Trikots verewigen.

Es war allerdings nicht das erste derartige Engagement der Band. Bereits 1989 hatte sie dem Club Mittel zur Verfügung gestellt, um den Spieler Anthony Baffoe verpflichten zu können. Zu diesem Zweck wurde eigens der Eintritt bei den Konzerten um eine Mark erhöht. Es ist eben nichts unmöglich, wenn man Rockstars als Fans besitzt.

Fortuna Düsseldorf
Flinger Broich 87
40235 Düsseldorf
www.fortuna-duesseldorf.de

Düsseldorf

Fortuna Düsseldorf

Gründung:	05.05.1895
Meisterschaften:	1
Pokalsiege:	2
Mitgliederzahl:	5.000
Meiste Pflichtspiele:	Gerd Zewe (440)
Meiste Tore:	Klaus Allofs (71)
Stadion:	ESPRIT arena 54.400 Zuschauer

Heim- und
Auswärtstrikot:

Die Platzierungen 1993 bis 2010:

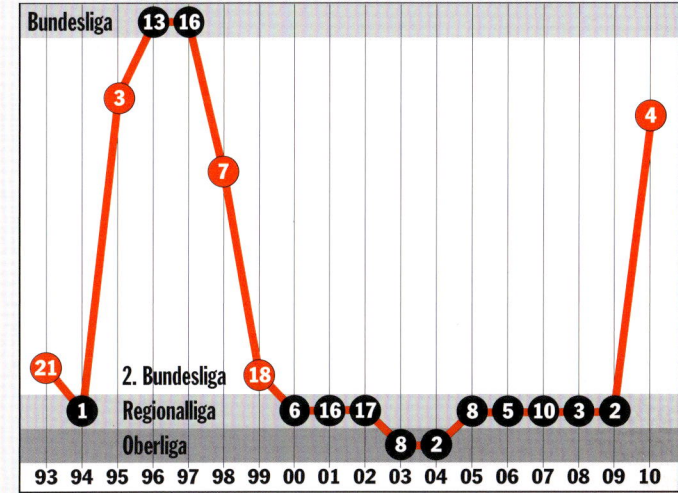

Ein **Club** aus **vielen** Vereinen

Gegründet 1907? Oder doch der Zusammenschluss aus sieben verschiedenen Clubs? Vieles scheint möglich beim SC Paderborn 07, dessen Geschichte von zahlreichen Vereinigungen von Vereinen und Namensänderungen geprägt ist. Über mehr als 100 Jahre reicht die Clubgeschichte nun schon zurück, doch unter der aktuellen Bezeichnung gibt es den Club aus Ostwestfalen erst seit 1997.

Die Wurzel des SC Paderborn ist dreigeteilt. Am Anfang, nämlich 1907, stand Arminia Neuhaus. Ein Jahr später gründete sich der FC Preußen Paderborn und zwei weitere Jahre danach wurde der TuS Sennelager von 1910

SC Paderborn 07
Paderborner Str. 89
33104 Paderborn
www.scpaderborn07.de

Paderborn

aus der Taufe gehoben. Der FC spaltete sich in der Folgezeit und vereinte sich 1968 wieder unter dem Namen 1. FC Paderborn, während sich die anderen beiden Paderborner Stadtteilclubs 1973 zusammenschlossen und es 1982 unter dem Namen TuS Schloß Neuhaus für ein Jahr in die 2. Bundesliga schafften. Doch der umgehende Abstieg als Tabellenletzter bestätigte die Einschätzung, dass für zwei leistungsorientierte Clubs am selben Standort einfach kein Platz war. Als Konsequenz stand die bislang letzte Fusion der Geschichte: 1985 vereinigten sich die beiden damals in der drittklassigen Oberliga Westfalen spielenden Lokalrivalen TuS Schloß Neuhaus und der 1. FC Paderborn zum TuS 07/10 Paderborn-Neuhaus.

Eine Liga, die auch nach der Kräftebündelung die sportliche Heimat blieb. Bis zur Saison 1994/95, als die Paderborner sich als Oberligameister für die neue, drittklassige Regionalliga qualifizieren konnten. Drei Jahre darauf benannte sich der Club in SC Paderborn 07 um. Mit Wilfried Finke stand der Inhaber des Hauptsponsors, der Finke-Unternehmensgruppe, als Präsident an der Spitze. Einem größeren Publikum konnte man sich dann im Jahre 2001 in der 1. Runde des DFB-Pokals präsentieren. Mit dem FC Bayern München als Gast kam es zu einem Top-Spiel (1:5), das von 25.000 Menschen im Stadion und einem Millionenpublikum an den Fernsehschirmen verfolgt wurde.

Seit dem Aufstieg 2005 ist der SC Paderborn 07 mit einem Jahr Unterbrechung immer in der 2. Bundesliga dabei und erreichte unter Trainer Andre Schubert, gleichzeitig Sportlicher Leiter des Clubs, 2010 die beste Platzierung aller Zeiten: Rang fünf.

Wer hätte das gedacht?

Blitze zucken über das Stadion, der Himmel ist nacht-schwarz und es regnet in Strömen. Soll heißen: Fußball in Paderborn kann für Gastmannschaften wie ein sport-liches Unwetter sein. Das sagt eine Werbekampagne des Zweitliga-Clubs aus, die im Herbst 2010 fertiggestellt wurde. Vorausgegangen war ein aufwändiges, nächt-liches Fotoshooting auf dem Trainingsgelände der Pader-kampfbahn mit den Spielern Sören Brandy, Enis Alushi, Daniel Brückner und Christian Strohdiek. Gezeigt wurden spektakuläre Fallrückzieher, genaue Volleyschüsse und technische Kabinettstückchen. Das Ergebnis auf Groß-plakaten in der Stadt Paderborn sowie auf Postern und Kalendern konnte sich sehen lassen.

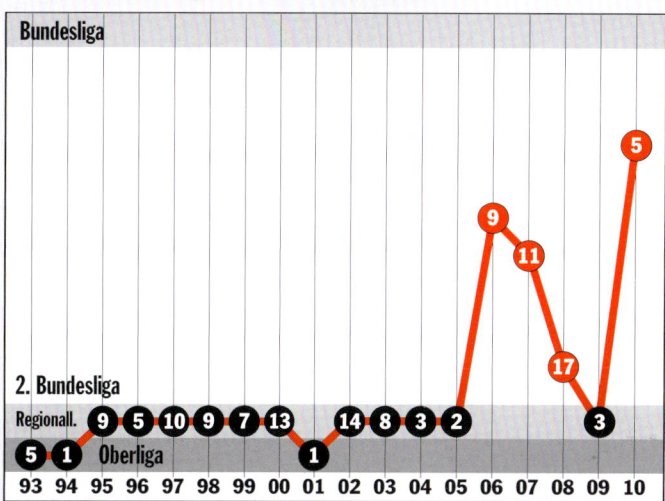

SC Paderborn 07

Gründung:	1907
Meisterschaften:	0
Pokalsiege:	0
Mitgliederzahl:	1.500
Meiste Pflichtspiele:	–
Meiste Tore:	–
Stadion:	Energieteam Arena 15.000 Zuschauer

Heim- und Auswärtstrikot:

Die Platzierungen 1993 bis 2010:

Bundesliga																	
													9	11			5
															17		
2. Bundesliga																	
Regionall.		9	5	10	9	7	13		14	8	3	2				3	
5	1		Oberliga					1										
93	94	95	96	97	98	99	00	01	02	03	04	05	06	07	08	09	10

Abwechslungsreich wie
Zebrastreifen

S ie wurden 1964, in der ersten Saison der neu gegründeten Bundesliga, sensationell Deutscher Vizemeister und hatten damals mit Helmut Rahn einen echten „Helden von Bern" aus der WM-Elf von 1954 in ihrer Mannschaft. 1979 spielten sie sich bis ins Halbfinale des UEFA-Cups und standen drei Mal (1966, 1975 und 1998) im DFB-Pokalfinale. Trotz jeweils starker Leistungen gingen die Endspiele gegen den FC Bayern München (1966 und 1998) und Eintracht Frankfurt für den MSV Duisburg allesamt verloren.

Als das Gründungsmitglied der Bundesliga, das nach 19 Jahren Erstklassigkeit 1982 in die 2. Bundesliga abgestiegen und nach vier Jahren bis in die Oberliga Nordrhein gestürzt war, musste sich der Club neu orientieren. Statt

Borussia Dortmund, Borussia Mönchengladbach und dem 1. FC Köln hießen die Gegner nun Langenfeld, Viersen und Goch. Doch die Meidericher nahmen die Aufgabe an, sie kämpften, kehrten 1989 erst in die 2. Bundesliga und nur zwei weitere Jahre später in die Bundesliga zurück.

Die Beständigkeit der ersten Bundesliga-Zeit erreichten sie jedoch nicht. Auf- und Abstiege kennzeichneten die Entwicklung der Duisburger: Der MSV startete stark in die Saison 1991/1992, stand nach 13 Spieltagen fast sensationell auf dem zweiten Tabellenrang, musste nach einem 0:1 am letzten Spieltag gegen Borussia Dortmund aber dennoch in die 2. Bundesliga zurück. Bis zum Jahr 2008 gelang es den Meiderichern sich gleich vier Mal wieder in die Bundesliga zu kämpfen. Ein sensationeller Erfolg.

Seit dem Bau des 31.500 Zuschauern Platz bietenden neuen Stadions besitzt der MSV Duisburg auch eine repräsentative Heimstätte. Und so schallt bei jedem Spiel des MSV Duisburg das Clublied „Der Zebra-Twist" durch die Schauinsland-Reisen-Arena: „Zebrastreifen weiß und blau ... ein jeder weiß genau, das ist der MSV!"
Langweilig wird es beim MSV Duisburg nie! Er ist eben so abwechslungsreich wie Zebrastreifen ...

MSV Duisburg
Margaretenstr. 5-7
47055 Duisburg
www.msv-duisburg.de

Duisburg

Wer hätte das gedacht?

Er ist die große lebende Clublegende, wurde als solche 2010 ausgezeichnet, absolvierte allein 396 Bundesliga-Spiele für den MSV Duisburg und ist zudem Namensgeber des Maskottchens. Ennatz heißt das Zebra, das vor allem bei den jüngeren Fans beliebt ist. Doch nicht nur die Älteren denken beim Spitznamen Ennatz an Bernard Dietz, dem Gesicht zum erfolgreichsten Kapitel der Club-Historie. Dieser lief ab 1970 bis zum Abstieg 1982 für die Meidericher auf und war und ist das große Vorbild des Clubs. Als Kapitän führte er den MSV in den UEFA-Cup und wuchs im vielleicht größten Spiel der Clubgeschichte einmal mehr über sich hinaus. Beim 6:3-Sieg über den FC Bayern München gelangen dem Verteidiger vier Tore gegen seinen Nationalmannschaftskollegen Sepp Maier. Bis heute ist der bescheiden und bodenständig gebliebene Kapitän der Europameister-Mannschaft von 1980 einer der beliebtesten Sportler im Ruhrgebiet.

Bernard Dietz (1981)

MSV Duisburg

Gründung:	17.09.1902
Meisterschaften:	0
Pokalsiege:	0
Mitgliederzahl:	3.200
Meiste Pflichtspiele:	Michael Bella (405)
Meiste Tore:	Ronald Worm (71)
Stadion:	Schauinsland-Reisen-Arena 31.500 Zuschauer

Heim- und
Auswärtstrikot:

Die Platzierungen 1993 bis 2010:

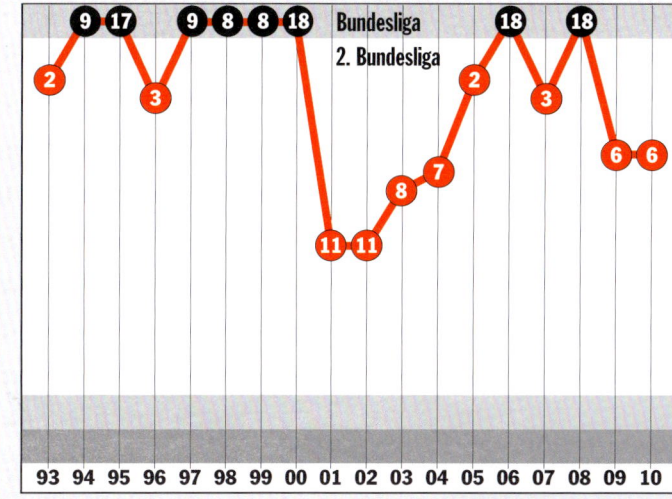

Es geht
immer wieder
aufwärts

Der DSC Arminia Bielefeld ist der bedeutendste und erfolgreichste Club Ostwestfalens. Im Gründungsjahr 1905 beobachtete Willi Brüggemann an einem Sonntag verblüfft auf einer Wiese umherlaufende Männer: „Diese anstampfenden Spieler mit blau-weißer Bluse und schwarzen Kniehosen, dazu … mit Bergsteiger-Schuhen, wurden angestaunt und lächelnd bemustert." Doch schnell ließ er sich für das Spiel begeistern und wurde kurze Zeit später Torwart des DSC Arminia Bielefeld. Die ersten Erfolge ließen nicht lange auf sich warten. 1913 wurde der Club das erste Mal Westfalenmeister. In den Zwanzigerjahren gewannen sie den Westfalentitel sogar in Serie und wurden zweimal Westdeutscher Meister.

Gesteigerte Aufmerksamkeit erhielt die Mannschaft, als sie 1963 noch eine beeindruckende Aufholjagd startete und sich am letzten Spieltag mit einem 4:1-Sieg über den Dortmunder SC 95 für den Unterbau der neu gegründeten Bundesliga qualifizierte, die Regionalliga. Die Schwarz-Weiß-Blauen entfachten so neue Begeisterung in Stadt und Region, stiegen 1970 in die Bundesliga auf und besaßen mit 23.946 Zuschauern gleich im Premierenjahr den zweitbesten Zuschauerschnitt der Liga. Am 3. Oktober 1970 kam es zu einem legendären Aufeinandertreffen zwischen David und Goliath – DSC Arminia Bielefeld gegen den FC Bayern München. Und die Bielefelder schafften die Überraschung. Die Stars des FC Bayern München, Beckenbauer, Müller und Breitner, konnten den Bielefelder Sieg nicht verhindern.

Doch auf der „Alm", wie das Stadion früher hieß, gab es auch wesentlich schwierigere Zeiten. Als Folge des Bundesliga-Skandals musste Arminia Bielefeld zurück in die Regionalliga. Aber der Club rappelte sich wieder auf und war bereits 1980 wieder erstklassig.
Fünf aufeinander folgende Spielzeiten gehörten die Bielefelder der Bundesliga an und konnten mit zwei achten Plätzen die besten Ergebnisse der Clubgeschichte erzielen. Doch dem Hoch folgte immer wieder ein Tief. Zusammen mit dem 1. FC Nürnberg ist der DSC Arminia Bielefeld Rekord-Absteiger und Rekord-Aufsteiger: Sieben Mal gelang Arminia Bielefeld der Sprung in das Oberhaus, sieben Mal musste man wieder zurück in die 2. Bundesliga. Allein seit 1988 wechselten die Bielefelder zehnmal die Spielklasse und pendelten zwischen Bundesliga und Oberliga Westfalen.

DSC Arminia Bielefeld
Melanchtonstr. 31a
33615 Bielefeld
www.arminia-bielefeld.de

Bielefeld

Wer hätte das gedacht?

Lohmann heißt das Maskottchen des DSC Arminia Biele-feld. Seit Anfang 2007 steht der Stier im Dienst des ost-westfälischen Clubs auf der ehemaligen „Alm". Sein Name hat mit der Clubgeschichte zu tun. Denn Lohmann ist nach dem Bauern benannt, auf dessen Grundstück spä-ter das Bielefelder Stadion gebaut wurde.

Zwar läuft er bei jedem Heimspiel gemeinsam mit den Spielern in die SchücoArena ein, kümmert sich dann aber nicht ums Toreschießen, sondern um die Stimmung bei den kleinsten Fans, den ARMINIS, im Familienblock.

Maskottchen Lohmann

DSC Arminia Bielefeld

Gründung:	03.05.1905
Meisterschaften:	0
Pokalsiege:	0
Mitgliederzahl:	11.597
Meiste Pflichtspiele:	Rüdiger Kauf (170)
Meiste Tore:	Artur Wichniarek (45)
Stadion:	SchücoArena 27.300 Zuschauer

Heim- und Auswärtstrikot:

Die Platzierungen 1993 bis 2010:

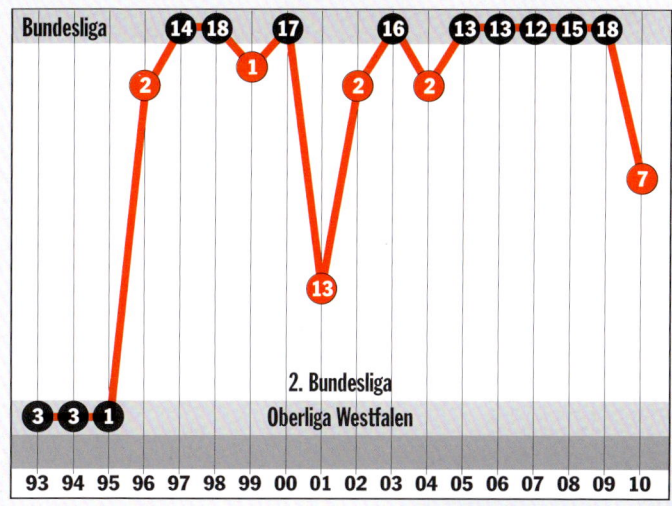

Bayerischer Fußball mit Löwenherz

Ein passenderes Wappentier hätte sich der Münchner Traditionsclub kaum aussuchen können. Ob sportliche Sorgen oder sonstige Probleme: Der TSV München 1860 kehrte in seiner langen Geschichte immer wieder in die Erfolgsspur zurück. Mit Kampfstärke, Herz und Unnachgiebigkeit – Löwen eben. Aktuell tun sie das einmal mehr als Mitglied der 2. Bundesliga in der Allianz Arena.

Seine großen Erfolge hat der TSV München 1860 in seiner Zeit im Stadion an der Grünwalder Straße erlebt. Jene Spielstätte, in welcher der Club unter Trainerlegende Max

Merkel die Deutsche Meisterschaft 1966 feierte, der 1964 im Endspiel gegen Eintracht Frankfurt (2:0) der zweite DFB-Pokalsieg vorausgegangen war. Und sogar international sorgte die Merkel-Elf für große Aufmerksamkeit: 1965 unterlagen die „Blauen" erst im Europapokal-Finale der Pokalsieger im Londoner Wembleystadion mit 0:2 gegen West Ham United.

1970 dann stiegen die Löwen in die 2. Bundesliga ab, 1982 folgte sogar der weitere Absturz in die Bayernliga. Nach einem Auf und Ab gelang die Wende zum Positiven erst unter der Regie von Präsident Karl-Heinz Wildmoser und Werner Lorant, der 1992 das Traineramt übernahm. Mit „Werner Beinhart" kämpften sich die Löwen eindrucksvoll zurück. Erstmals in der Geschichte gelang einem Club der direkte Durchmarsch in die Bundesliga.
Trotz der Erfolge, die in der Saison 1999/2000 in erstmals zwei Derbysiegen innerhalb einer Saison gegen den FC Bayern und dem vierten Tabellenplatz samt Qualifikationsrunde zur UEFA Champions League gipfelten, fiel München 1860 im Jahr 2005 in die Zweitklassigkeit zurück.

Allerdings gelang und gelingt es dem Club beständig, immer wieder hoffnungsvolle Talente zu fördern und an den Profibereich heranzuführen. Ob Andreas Görlitz, Benjamin Lauth, Marcel Schäfer, Daniel Baier, Timo Gebhart, Fabian Johnson, die Bender-Zwillinge Lars und Sven, Peniel Mlapa oder der jüngst von Borussia Dortmund für die kommende Saison verpflichtete Moritz Leitner. Die Liste von jungen Nachwuchskräften, die vom TSV München 1860 zu Top-Clubs wechselten, ist lang und macht den Löwen selbst Hoffnung.

TSV München 1860
Grünwalder Str. 114
81547 München
www.tsv1860.de

München

Goalgetter
Benjamin Lauth

Wer hätte das gedacht?

Er gilt als der erste Entertainer der Bundesliga – und das nicht ohne Grund. Denn Petar Radenkovic, der in den erfolgreichen Sechzigerjahren das Tor des TSV München 1860 hütete, war nicht nur ein Könner zwischen den Pfosten, sondern auch mit viel Talent zur Show ausgestattet. Nicht nur, dass die Nummer eins aus dem früheren Jugoslawien sich gerne mit Vorstößen bis in die gegnerische Hälfte in Offensivaktionen der Löwen einschaltete, was Trainer Max Merkel wegen des damit verbundenen Risikos einige Sorgenfalten einbrachte. Radenkovic war auch als Sänger ein Star. Mit seiner Schallplatte „Bin i Radi – bin i König" war er viel erfolgreicher als andere Profis, die sich ebenfalls in der Musikbranche versuchten. Der Titel verkaufte sich mehr als einhunderttausend Mal.

TSV München 1860

Gründung:	17.05.1860
Meisterschaften:	1
Pokalsiege:	2
Mitgliederzahl:	20.801
Meiste Pflichtspiele:	Harald Cerny (238)
Meiste Tore:	Rudolf Brunnenmeier (66)
Stadion:	Allianz Arena 69.901 Zuschauer

Heim- und
Auswärtstrikot:

Die Platzierungen 1993 bis 2010:

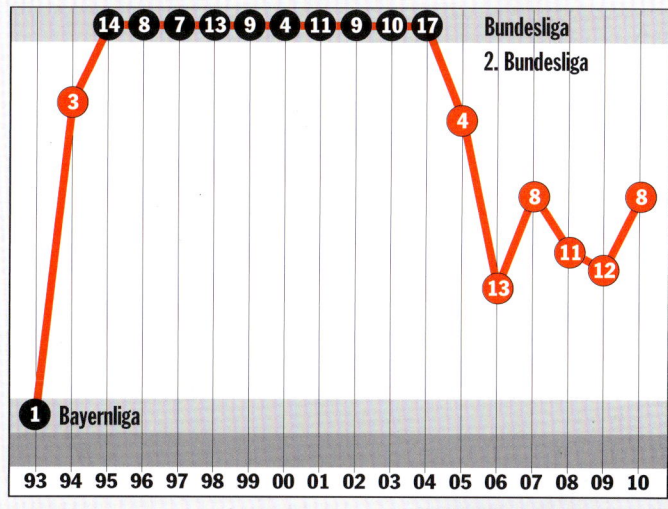

		14	8	7	13	9	4	11	9	10	17		Bundesliga
	3											4	2. Bundesliga
													8 · 8 · 11 · 12 · 13
1 Bayernliga													
93	94	95	96	97	98	99	00	01	02	03	04	05	06 07 08 09 10

Positive **Energie** in der **Lausitz**

Sie sind so etwas wie die Spätzünder im deutschen Profifußball. Erst 1966 gründete sich die Betriebssport-Gemeinschaft Energie Cottbus, die 1973 erstmals den Sprung in die DDR-Oberliga schaffte. Nach der Wende und der Zusammenführung der Ligen (Saison 1991/92) wurden die Cottbuser zunächst in die Oberliga eingegliedert.

1997 gelang dem Club der Aufstieg in den Profibereich. Unter dem erfolgreichen DDR-Meister- und -Nationaltrainer Eduard Geyer wurde der FC Energie Cottbus dann schnell zu einer festen Größe im deutschen Fußball. Geyer hatte 1994 das Traineramt beim Regionalliga-Aufsteiger übernommen und war mit seiner Mannschaft 57 Spiele in Folge ungeschlagen geblieben. Eine tolle Serie!

In zwei denkwürdigen Aufstiegsspielen gegen Hannover 96 (0:0 und 3:1) gelang trotz Unterzahl im Rückspiel im gleichen Jahr dann die Qualifikation für die 2. Bundesliga. Herausragend war in der Aufstiegssaison vor allem die Abwehr: Das sogenannte „Bermuda-Dreieck" um Thomas

Hoßmang, Sven Benken und Jens Melzig blieb in 20 Spielen ohne Gegentor. Zudem hatte der FC Energie sich im gleichen Jahr als zweiter Amateur- und erster Ost-Club überhaupt sensationell für das DFB-Pokalfinale qualifiziert, war dem VfB Stuttgart im Endspiel allerdings mit 0:2 unterlegen.

Vorläufige Höhepunkte, die nur drei Jahre später am 26. Mai 2000 noch einmal deutlich übertroffen wurden: Mit einem Sieg gegen den 1. FC Köln machte der FC Energie den Aufstieg in die Bundesliga perfekt. Und wie 1997 gegen Hannover 96, als er im Rückspiel zum 2:1 und zum 3:1 getroffen hatte, war es Angreifer Detlef Irrgang, der gegen den bereits feststehenden Meister der 2. Bundesliga das entscheidende Tor erzielte. Spielmacher Vasile Miriuta erhöhte nach dem Seitenwechsel auf 2:0 und versetzte die Lausitz in Freudentaumel. Der FC Energie Cottbus war in der Bundesliga angekommen.

Mit Heimsiegen über schier übermächtige Clubs wie den FC Bayern München oder den FC Schalke 04 ließ der FC Energie aufhorchen. So auch am 6. April 2001, als die Cottbuser beim Heimspiel gegen den VfL Wolfsburg Bundesliga-Geschichte schrieben: als erster Club, der beim Anpfiff ausschließlich ausländische Spieler auf dem Rasen hatte.

Das „Kunststück" des Aufstiegs in die Bundesliga gelang dem FC Energie 2006 ein zweites Mal und erneut hielt sich der David aus der Lausitz drei Jahre im Konzert der Großen. Heute bereichert man die 2. Liga mit sehenswertem Offensivfußball – und vornehmlich deutschen Talenten.

FC Energie Cottbus
Am Eliaspark 1
03042 Cottbus
www.fcenergie.de

Cottbus

Wer hätte das gedacht?

Die Namen der Betriebssport-Gemeinschaften in der früheren DDR waren für viele Westdeutsche ungewohnt und ein Grund zum Schmunzeln. Die Bezeichnung FC Energie Cottbus, damals unter der Leitung des Braunkohle-Kraftwerks Jänschwalde, erklärt sich zwar wie bei den anderen BSG teils auch aus der Verbindung zur staatlichen Produktionsstätte. Den Namen „Energie" verdanken die Cottbuser allerdings vor allem der Idee eines gewissen Bodo Krautz, der den Vorschlag bei einem Leserwettbewerb der „Lausitzer Rundschau" einreichte und sich gegen 449 andere Teilnehmer durchsetzte. Die neue Betriebssport-Gemeinschaft hatte ihren Namen erhalten.
Und noch heute tragen sie ihren Namen mit Stolz – in einer Region, die für Energie-Gewinnung steht. Wenn die Mannschaft bei Heimspielen in das „Stadion der Freundschaft" einläuft, ertönt aus den Lautsprechern vollmundig die Clubhymne: „Fußball ist hier, Fußball sind wir, Fußball mit Energie."

Energiezentrum: Das Stadion der Freundschaft wurde im Laufe der Jahre zu einem kleinen Schmuckkästchen ausgebaut.

FC Energie Cottbus

Gründung:	31.01.1966
Meisterschaften:	0
Pokalsiege:	0
Mitgliederzahl:	1.539
Meiste Pflichtspiele:	Timo Rost (129)
Meiste Tore:	Dimitar Rangelov (15)
Stadion:	Stadion der Freundschaft 22.374 Zuschauer

Heim- und
Auswärtstrikot:

Die Platzierungen 1993 bis 2010:

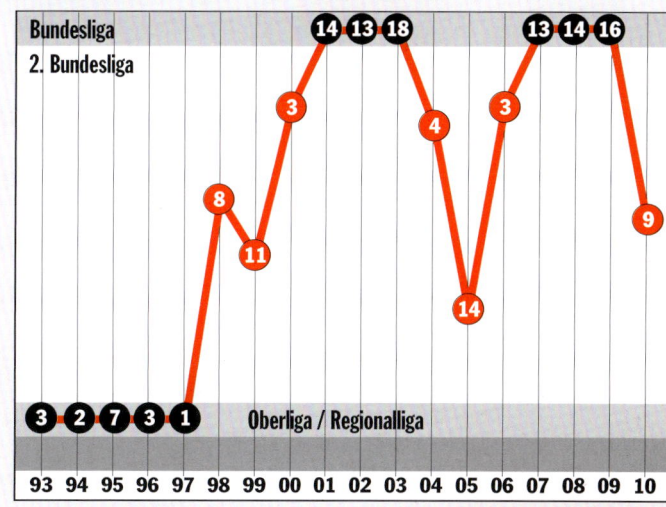

Die Heimat von Oliver Kahn & Co.

Quizfrage: Was haben Oliver Kahn, Mehmet Scholl, Michael Tarnat und Thorsten Fink gemeinsam? Richtig, viele Meisterschaften und DFB-Pokalsiege mit dem FC Bayern München, für den sie sechs Jahre lang gemeinsam spielten und unter anderem 1999 im legendären Endspiel der UEFA Champions League gegen Manchester United zusammen auf dem Feld standen. Sie alle eint aber darüber hinaus ihre sportliche Vergangenheit, und die hat drei Buchstaben: KSC. Dem deutschen Rekordmeister war die herausragende Jugendarbeit des Karlsruher SC nicht erst in den Neunzigerjahren aufgefallen. Zuvor waren mit Michael Sternkopf und Oliver Kreuzer bereits zwei weitere hoffnungsvolle Talente nach München abgewandert.

Alles in allem Spieler, die den Aufstieg des Karlsruher SC begründen, der in der zwölfjährigen Amtszeit von Trainer Winfried Schäfer seine erfolgreichste Zeit seit Einführung der Bundesliga erlebte. Gemeinsam mit Manager Carl Heinz Rühl gelang es Schäfer den Club erstmals länger als fünf Jahre im Oberhaus und die Badener dort langfristig zu halten. Schäfers Philosophie wurde nach seinem Amtsantritt 1986 schnell deutlich. Der Trainer setzte

vornehmlich auf den eigenen Nachwuchs. Dennoch – oder vielleicht auch gerade deshalb – ging es im Wildparkstadion steil aufwärts. Gleich in Schäfers erster Saison gelang der Aufstieg, nach fünf Jahren Bundesliga stand ein achter Tabellenplatz. 6, 6, 8, 7 und 6 lauteten die weiteren Platzierungen, die den Karlsruher SC 1993, 1996 und 1997 für den UEFA-Cup qualifizierten, wo sich die Schäfer-Elf stets hervorragend präsentierte. Ein Halbfinaleinzug sowie zwei Teilnahmen am Achtelfinale gingen als Höhepunkte in die Clubgeschichte ein.

Winfried Schäfer (1998)

Ein anhaltender Erfolg, der die Konkurrenz aufhorchen ließ. Der Karlsruher SC war somit immer wieder gezwungen seine besten Spieler an Top-Clubs abgeben zu müssen. So auch 1997, als mit Fink, Tarnat und dem damaligen Juniorennationalspieler Jens Nowotny drei Schlüsselspieler den Club verließen. Diesmal konnten die Abgänge nicht wettgemacht werden. Im Frühjahr 1998 gerieten die Badener auf die unteren Tabellenplätze und die Ära Schäfer war beendet, noch bevor es im Mai in die 2. Bundesliga ging. Im Jahr 2000 führte der Abwärtstrend für zwölf Monate in die drittklassige Regionalliga. Es dauerte sieben Jahre, bis der Karlsruher SC wieder da war und 2007 überraschend – und erneut mit einigen jungen Talenten – in die Bundesliga aufstieg. Eine Rückkehr, welche die Fans noch einmal sehnsüchtig an die erfolgreichen Zeiten erinnerte.

Karlsruher SC
Adenauerring 17
76131 Karlsruhe
www.ksc.de

Karlsruhe

Maskottchen Willi

Wer hätte das gedacht?

Einen ganz besonderen und denkwürdigen Europapokal-Abend erlebten 25.000 Zuschauer am 2. November 1993. Gegner in der zweiten Runde des UEFA-Cups war der spanische Tabellenführer FC Valencia, der seiner haushohen Favoritenstellung bereits beim 3:1-Sieg im Hinspiel gerecht geworden war und den Karlsruher SC klar im Griff hatte. Doch das Rückspiel hielt eine Sensation bereit. Die 90 Minuten am 2. November wurden zu einem sogenannten Jahrhundertspiel, zum Höhepunkt der jüngeren Clubgeschichte und zur Geburtsstunde von „Euro-Eddy". Angreifer Edgar Schmitt war der Held des Spiels. Nach 34 Minuten hatte er mit zwei Treffern das Hinspielergebnis ausgeglichen und nach den Toren von Rainer Schütterle und Valeri Schmarow gelangen ihm auch noch das 5:0 und das 6:0, ehe Slaven Bilic zum 7:0-Endstand vollendete. Das Wunder vom Wildpark war perfekt.

Karlsruher SC

Gründung:	06.06.1894
Meisterschaften:	1
Pokalsiege:	2
Mitgliederzahl:	5.000
Meiste Pflichtspiele:	Gunther Metz (278)
Meiste Tore:	Emanuel Günther (37)
Stadion:	Wildparkstadion 29.619 Zuschauer

Heim- und Auswärtstrikot:

Die Platzierungen 1993 bis 2010:

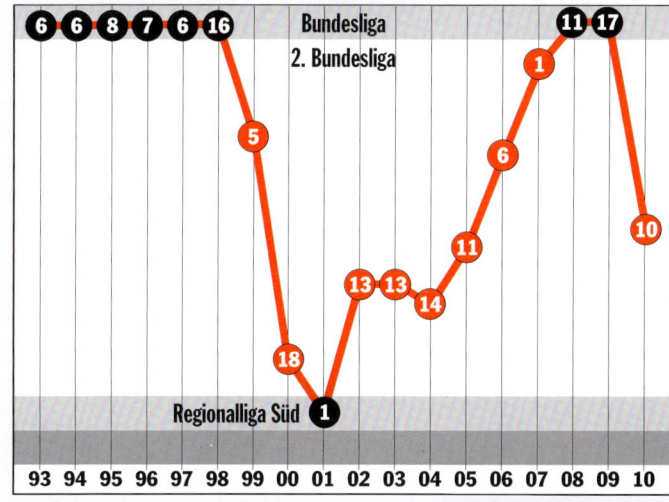

„Euro-Eddy" beim 7:0 über Valencia

Kontinuität hat einen Namen

Unaufsteigbar, unabsteigbar. Die SpVgg Greuther Fürth ist der aktuell dienstälteste Club der 2. Bundesliga. Seit 14 Jahren sind die Franken ununterbrochen dabei, die Ewige Tabelle führt sie bereits auf dem sechsten Rang. Beständigkeit, die keineswegs etwas mit dem Kleeblatt im Wappen des Clubs zu tun hat, sondern vor allem durch einen klugen Zusammenschluss ermöglicht wurde.

SpVgg Greuther Fürth
Laubenweg 60
90765 Fürth
www.greuther-fuerth.de

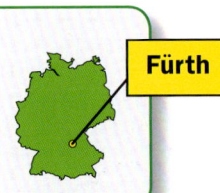
Fürth

Nachdem die Fürther, wie der Nachbar 1. FC Nürnberg, ihre große Zeit vor dem Zweiten Weltkrieg hatten und 1914, 1926 und 1929 dreimal die Deutsche Meisterschaft gewonnen, gehörte der Traditionsclub bereits von 1963 bis 1983 der Zweitklassigkeit an. Doch man war in vielen Bereichen einfach zu unterlegen, um mit der Konkurrenz dauerhaft mithalten zu können. 1983 war das Jahr des Abstiegs in die Oberliga Bayern, vier Jahre später fand man sich gar in der Landesliga wieder. Um eine Trendwende einzuleiten, verkaufte die SpVgg Fürth ihre Spielstätte, den Ronhof. 1991 gelang die Rückkehr in die drittklassige Bayernliga und auch die Qualifikation zur neuen Regionalliga Süd glückte 1994.

Als richtige Lösung entpuppte sich der Zusammenschluss mit dem erst 1974 gegründeten TSV Vestenbergsgreuth, der wirtschaftlich bessergestellt war. 1995 erfolgte der Beitritt der Fußballabteilung des im Volksmund „Greuther" genannten TSV Vestenbergsgreuth zur SpVgg Fürth. Neuer Name – SpVgg Greuther Fürth –, neues Logo, in dem der Holzschuh an den TSV und das Kleeblatt an Fürth erinnern. Zum 100-jährigen Jubiläum wurden noch drei Sterne eingefügt: die drei Meisterschaften der Fürther.

Damals machte sich eine neue Mannschaft, bestehend aus jeweils sieben Spielern der beiden Clubs, sieben Neuzugängen und dem neuen Trainer Armin Veh auf zu neuen Zielen: Am 10. April 1997 war der Aufstieg in die 2. Bundesliga vorzeitig perfekt gemacht. Seitdem ist die SpVgg Greuther Fürth Stammgast in der oberen Tabellenhälfte und konnte in den vergangenen Jahren auch ihren Ruf weiter aufwerten, ein für die Ausbildung von Nachwuchsspielern engagierter Club zu sein. Immer wieder schaffen junge Talente aus Jugendmannschaften den Sprung zu den Profis. Auch aktuell wird diese positive Entwicklung in der Saison 2010/11 durch neu in die Mannschaft eingebaute Eigengewächse wieder einmal belegt.

Wer hätte das gedacht?

Die SpVgg Greuther Fürth spielte „nur" in der Landesliga, und so wollten am 4. August 1990 lediglich 3.800 Zuschauer die Begegnung des fränkischen Clubs in der ersten Runde des DFB-Pokals sehen, obwohl mit dem Bundesligisten Borussia Dortmund ein sehr namhafter Gast in den Ronhof kam. Als der Viertligist nach zwei Minuten auch noch David Schneider auf Grund einer Roten Karte verlor, schien die Begegnung bereits entschieden. Doch trotz Unterzahl gelang dem Außenseiter die Sensation. Zwei Tore von Oliver Zettl und ein Treffer von Achim Beierlorzer sorgten für den 3:1-Triumph über Borussia Dortmund, für den allein der Däne Flemming Povlsen zum zwischenzeitlichen 1:1 getroffen hatte.

Vier Jahre darauf sorgte der TSV Vestenbergsgreuth für eine der größten Sensationen in der DFB-Pokal-Geschichte überhaupt, als am 14. August 1994 der FC Bayern München in der ersten Runde durch ein Tor von Roland Stein mit 1:0 besiegt wurde.

SpVgg Greuther Fürth

Gründung:	23.09.1903
Meisterschaften:	3
Pokalsiege:	0
Mitgliederzahl:	2.500
Meiste Pflichtspiele:	–
Meiste Tore:	–
Stadion:	Trolli ARENA 15.200 Zuschauer

Heim- und Auswärtstrikot:

Die Platzierungen 1993 bis 2010:

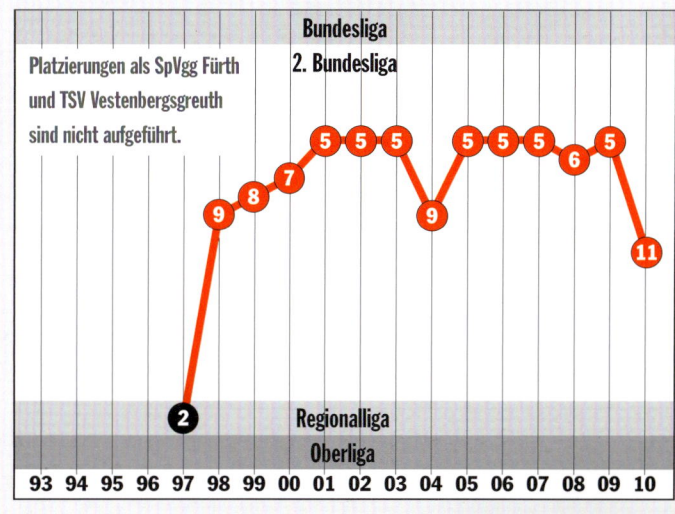

Platzierungen als SpVgg Fürth und TSV Vestenbergsgreuth sind nicht aufgeführt.

Bundesliga
2. Bundesliga

2 9 8 7 5 5 5 9 5 5 5 6 5 11

Regionalliga
Oberliga

93 94 95 96 97 98 99 00 01 02 03 04 05 06 07 08 09 10

Eiserne Selbsthilfe

Beim 1. FC Union Berlin stehen die Fans hinter ihrem Club. Und mehr noch: Sie stehen für ihn ein. Als der Club in Neunzigerjahren vor dem Ruin stand, kämpften sie mit Mahnwachen und Unterschriftenaktionen um Aufmerksamkeit. Doch auch sie konnten den Deutschen Fußball-Bund (DFB) nicht umstimmen, der zweimal den sportlich erfolgreichen Berlinern die Lizenz für die 2. Bundesliga verweigerte. 1997 gingen mehr als 3.000 Anhänger auf die Straße, um auf die schwierige Lage ihres Clubs aufmerksam zu machen. Ein Fanrat wurde gebildet und mit Andreas Freese fand sich ein Anhänger aus diesem Kreis im Aufsichtsrat wieder. Diesmal wurde der Einsatz belohnt, denn Union wurde gerettet.

2004 drohte nach dem Abstieg aus der 2. Bundesliga erneut eine Lizenzverweigerung für die Regionalliga. Tausende Fans gingen im Rahmen der Kampagne „Bluten für Union" zu einer Blutspende-Aktion und stellten dem Club das Geld zur Verfügung. Die Lizenzbedingungen konnten tatsächlich erfüllt werden. Noch mehr Aufsehen erregten

die Fans 2008/2009, als sich mehr als 2.500 Gleichgesinnte tatkräftig an der Modernisierung des Stadions beteiligten.

Der verdiente Lohn folgte auf der Stelle. Als der erste Bauabschnitt des Stadions An der Alten Försterei 2009 fertiggestellt war, schaffte die Mannschaft genau passend den Sprung in die 2. Bundesliga. Ein Erfolg, der acht Jahre zuvor schon einmal erreicht worden war – damals gekrönt vom Einzug ins DFB-Pokalfinale. Gegen den FC Schalke 04 verlor die Mannschaft zwar mit 0:2, doch da der Bundesligist als Vizemeister für die UEFA Champions League qualifiziert war, nahm mit dem 1. FC Union Berlin zum ersten und bislang einzigen Mal ein deutscher Drittligist am UEFA-Cup teil. Dort schlug Union in der ersten Runde den finnischen Club FC Haka, schied jedoch in der zweiten Runde aus.

Mit Ausnahme der 1923 errungenen Deutschen Vizemeisterschaft des SC Union Oberschöneweide, aus dem der 1966 gegründete 1. FC Union Berlin hervorging, konnten die Köpenicker vor allem in Pokal-Wettbewerben Erfolge sammeln. 1968 gewann man in der DDR den FDGB-Pokal, 1986 erreichte man noch einmal das Finale. Im Punktspielbetrieb kämpfte das Gegenstück des staatlichen Berliner Vorzeigeclubs BFC Dynamo meist erfolgreich gegen den Abstieg aus der Oberliga. Die Zuschauerzahlen gehörten immer mit zu den höchsten im DDR-Fußball, was umso erstaunlicher ist, wenn man weiß, dass der Club von Polizei und dem Ministerium für Staatssicherheit intensiv und kritisch beobachtet und sportlich benachteiligt wurde.

UEFA-Cup 2001: 1. FC Union Berlin – FC Haka Valkeakoski 3:0

DFB-Pokalfinale 2001: 1. FC Union Berlin – FC Schalke 04

Wer hätte das gedacht?

1981 gründeten Fanclubs des 1. FC Union in der DDR die gleichnamige Union-Liga, um neben dem „Erlebnis Union" auch untereinander im aktiven Fußballspiel die Kräfte zu messen und Spaß zu haben. Dies sollte jedoch ohne die Reglementierungen der staatlichen Organisationen wie DTSB oder FDJ erfolgen.

Im Premierenjahr gingen sechs Mannschaften ins Rennen. Die Union-Liga sollte der Startschuss für ein Erfolgsmodell sein. Heute spielen 43 Teams in fünf verschiedenen Staffeln, unterteilt in drei Spielklassen, um Aufstieg, Abstieg und Meisterschaft. Seit 1983 wird neben der Meisterschaft auch um den Union-Pokal gekämpft – ca. 50 bis 60 Mannschaften starten in der 1. Runde. Im K.o.-System geht es dann bis zum Finale, welches im Stadion An der Alten Försterei ausgespielt wird. Und Tradition hat auch die Punktevergabe im Ligabetrieb. Bis heute wird die Tabelle nach dem alten Zwei-Punkte-System errechnet. Seit 1980/81 veranstalten die Union-Fanclubs jedes Jahr auch den Union-Hallen-Cup, an dem neben den in der Union-Liga spielenden Mannschaften insbesondere auch die auswärtigen Fanclubs des Clubs beteiligt sind.

Mehr Informationen rund um den Fanclub-Fußball beim 1. FC Union gibt es unter www.eisern-union.de.

1. FC Union Berlin
An der Wuhlheide 263
12555 Berlin
www.fc-union-berlin.de

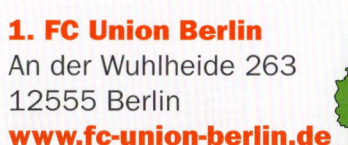

Berlin

1. FC Union Berlin

Gründung:	20.01.1966
Meisterschaften:	0
Pokalsiege:	1
Mitgliederzahl:	6.077
Meiste Pflichtspiele:	Lutz Hendel (191)
Meiste Tore:	Meinhard Uentz (36)
Stadion:	An der Alten Försterei 18.900 Zuschauer

Heim- und Auswärtstrikot:

Die Platzierungen 1993 bis 2010:

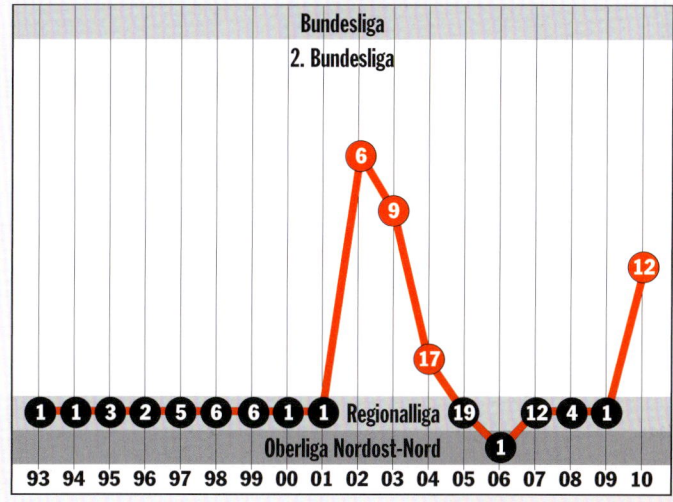

| 93 | 94 | 95 | 96 | 97 | 98 | 99 | 00 | 01 | 02 | 03 | 04 | 05 | 06 | 07 | 08 | 09 | 10 |

Erstklassig
zweitklassig

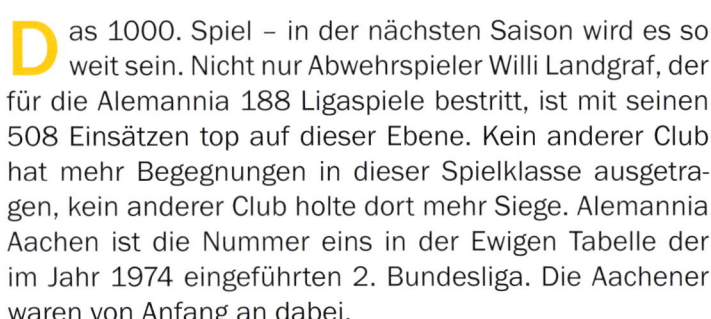

Das 1000. Spiel – in der nächsten Saison wird es so weit sein. Nicht nur Abwehrspieler Willi Landgraf, der für die Alemannia 188 Ligaspiele bestritt, ist mit seinen 508 Einsätzen top auf dieser Ebene. Kein anderer Club hat mehr Begegnungen in dieser Spielklasse ausgetragen, kein anderer Club holte dort mehr Siege. Alemannia Aachen ist die Nummer eins in der Ewigen Tabelle der im Jahr 1974 eingeführten 2. Bundesliga. Die Aachener waren von Anfang an dabei.

Zu den Gründungsmitgliedern der Bundesliga hatte Alemannia Aachen 1963 noch nicht gehört, 1967 stieg der traditionsreiche Club jedoch in die noch junge Profi-Spielklasse auf. 1969 wurden die Alemannen sogar Vizemeister und in einem Triumphzug durch Aachen geleitet. Nur ein Jahr später war allerdings vorerst Schluss mit Bundesliga-Fußball in der Kaiserstadt. Neun lange Jahre war sogar die Drittklassigkeit sportliche Heimat der „Kartoffelkäfer", wie die Mannschaft aufgrund der Farben ihrer früheren Trikots genannt wurde und wird.
Herausragend war stets der Rückhalt der Fans. An einem Spieltag ist in der gesamten Stadt regelrecht spürbar, wie hoch die Identifikation der Menschen mit ihrem Club ist. Entsprechend groß war auch die Trauer, als der beliebte Trainer Werner Fuchs am 11. Mai 1999 an einem Herzinfarkt verstarb. Fuchs hatte die Mannschaft nach neun Jahren zum Wiederaufstieg in die 2. Bundesliga geführt, lediglich ein Sieg fehlte noch. Diesen holten seine Spieler wenige Tage später mit dem 2:0-Erfolg bei der SpVgg Erkenschwick und widmeten ihrem Trainer in einer leidenschaftlichen Begegnung die Regionalliga-Meisterschaft. 2004 erreichte Alemannia Aachen zum dritten Mal in der Clubgeschichte das Finale um den DFB-Pokal. Das

Endspiel ging gegen den SV Werder Bremen zwar verloren, doch da sich die Hanseaten für die UEFA Champions League qualifiziert hatten, durfte die Alemannia am UEFA-Cup teilnehmen.
Und 2006/07 spielten die Aachener für eine Saison auch wieder in der Bundesliga. 2009 erfolgte ein lange ersehnter Umzug: vom traditionsreichen Tivoli an den neuen Tivoli, der direkt neben der alten, legendären Spielstätte erbaut wurde.

Wer hätte das gedacht?

Er war der Publikumsliebling und besaß einen der härtesten Schüsse der 2. Bundesliga. Es gibt viele Legenden und Geschichten um Günter Delzepich. So wie die, dass er seinen Mitspielern im Training eine Wette anbot, nach der er es fertigbringen wollte, einen Medizinball von außerhalb des Strafraums ins Tor zu schießen, ohne dass dieser vor dem Überschreiten der Torlinie den Boden berühren würde. Die Mitspieler hielten dagegen und gewannen. Denn Delzepich schoss nicht ins Tor, sondern drüber ...

UEFA-Pokal 2004: Daniel Gomez, Stefan Blank und Sergio Pinto bejubeln das 2:2 gegen den FC Zenit St. Petersburg.

Alemannia Aachen
Sonnenweg 11
52070 Aachen
www.alemannia-aachen.de

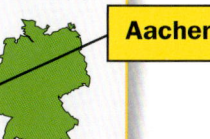
Aachen

Alemannia Aachen

Gründung:	16.12.1900
Meisterschaften:	0
Pokalsiege:	0
Mitgliederzahl:	9.550
Meiste Pflichtspiele:	Erwin Hermanndung (98)
Meiste Tore:	Erwin Hermanndung (19)
Stadion:	Tivoli
	31.026 Zuschauer

Heim- und
Auswärtstrikot:

Die Platzierungen 1993 bis 2010:

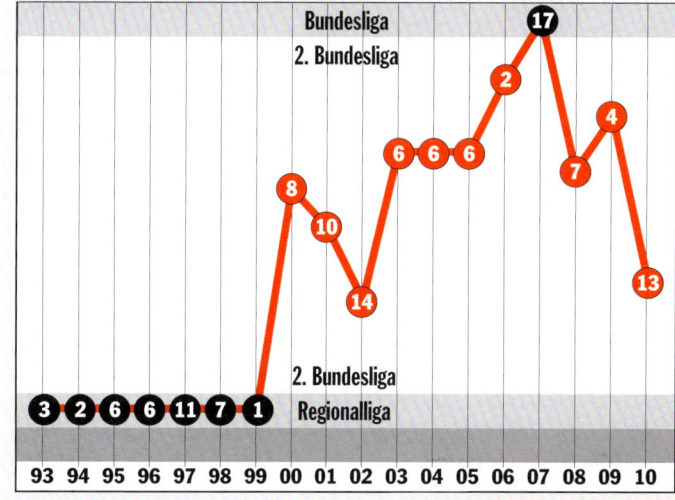

Bundesliga
2. Bundesliga

17
2
6 6 6
8 4
10 7
14 13

3 2 6 6 11 7 1

2. Bundesliga
Regionalliga

93 94 95 96 97 98 99 00 01 02 03 04 05 06 07 08 09 10

Die nächste
Malocher-
schicht

Malocher nennen sie sich zwischen Rhein und Ruhr, wo mehr als 100 Jahre lang Kohle gefördert und Stahl erzeugt wurde. Einfach war es für die Menschen hier selten. Doch zurück nach oben haben es auch die Oberhausener immer geschafft – mit dem Kleeblatt im Clubwappen und einer Extra-Portion Leidenschaft. Hier wird ehrliche Arbeit abgeliefert und nicht zufällig hat man als Maskottchen einen Hund gewählt, der auf den Namen „Underdog" hört.

Auch als Rot-Weiß Oberhausen 1990 viertklassig war, gab die Mannschaft nicht auf. Sie kämpfte sich bis 1998 über die Verbands- und Regionalliga zurück in die 2. Bun-

desliga. Binnen zehn Jahren wurden so Ab-, aber auch Aufstiege erlebt.

Sportlich setzten die Fußballer von Rot-Weiß Oberhausen 1999 einen weiteren Glanzpunkt. Der Club besiegte im DFB-Pokal Mannschaften wie den Hamburger SV und Borussia Mönchengladbach, erreichte gar das Halbfinale und hatte mit dem FC Bayern München einen hochkarätigen Gegner in der Vorschlussrunde, dem man 1:3 unterlag.

2006 war Rot-Weiß Oberhausen ein weiteres Mal bis in die Oberliga Nordrhein abgestiegen. Der Club stellte sich neu auf, um wieder nach oben zu kommen. Der neue Trainer, Ex-Profi Hans-Günter Bruns, schaffte den Wiederaufstieg und kurz darauf wurden mit Hajo Sommers als Vorstandsvorsitzendem und Jürgen Luginger als Sportlichem Leiter zwei weitere Posten bestens besetzt. Als Rot-Weiß Oberhausen 2008 wieder zweitklassig war, hatte man ein echtes Alleinstellungsmerkmal. Nie zuvor oder danach gelang es einem zwei Mal in Folge abgestiegenen Club auch zwei Mal in Folge direkt zurückzukehren.

Heute wirbt der Club, der von 1969 bis 1973 vier Jahre lang in der Bundesliga spielte, ganz bewusst mit dem Image des Underdogs. Seit Beginn der letzten Aufstiegssaison 2007/08 werden die Spielzeiten in Oberhausen stets als „Malocherschicht" bezeichnet und durchnummeriert. Die aktuelle Saison 2010/11 heißt „Malocherschicht IV.".

Maskottchen Underdog

Diese Qualitäten könnten nach dem Willen der Verantwortlichen auch auf anderer Ebene bald gefragt sein. Das zwischen der Emscher und dem Rhein-Herne-Kanal gelegene, weitläufige Stadion Niederrhein soll den modernen Ansprüchen und Bedürfnissen angepasst werden. Bis dahin steht dem Club noch viel Arbeit bevor. Aber irgendwie werden es die Malocher wieder schaffen!

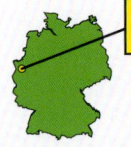

Rot-Weiß Oberhausen
Rechenacker 62
46049 Oberhausen
www.rwo-online.de

Oberhausen

Wer hätte das gedacht?

Die Rote Karte gab es im Fußball nicht von Anfang an. Sie wurde erst im Jahr 1970 als optisches Signal für einen Platzverweis eingeführt. Der erste Spieler, der sie in der Bundesliga erhielt, war am 10. Oktober 1970 Lothar Kobluhn von Rot-Weiß Oberhausen.

Kobluhn ist allerdings noch ein zweites Mal in den Bundesliga-Geschichtsbüchern vermerkt. Ein Jahr später, 1971, wurde er mit 24 Treffern Torschützenkönig der Bundesliga. Damit unterbrach er die lange Erfolgsserie von Gerd Müller vom FC Bayern München. Bis heute ist Kobluhn der einzige Defensivspieler, der die meisten Saisontreffer erzielte.

Rot-Weiß Oberhausen

Gründung:	18.12.1904
Meisterschaften:	0
Pokalsiege:	0
Mitgliederzahl:	2.000
Meiste Pflichtspiele:	Friedhelm Dick (126)
Meiste Tore:	Lothar Kobluhn (36)
Stadion:	Stadion Niederrhein 21.318 Zuschauer

Heim- und Auswärtstrikot:

Die Platzierungen 1993 bis 2010:

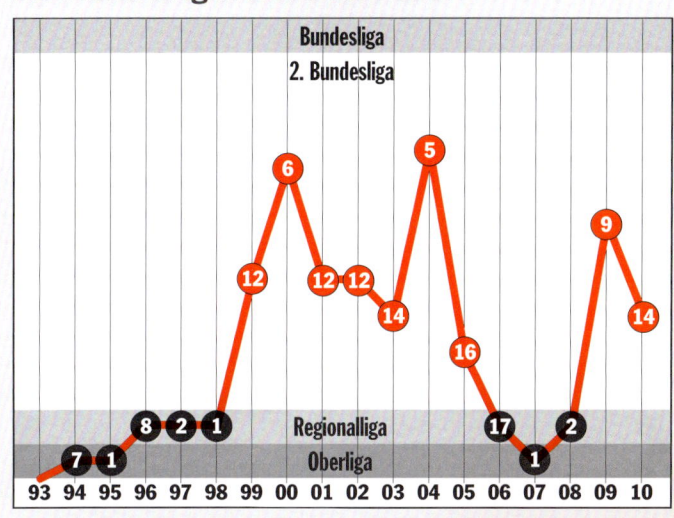

Das Wunder von „Bernem"

Man muss die Vergangenheit kennen, um die Gegenwart würdigen zu können. Die Abschlusstabelle der Oberliga-Saison 2001/2002 spiegelte die Kräfteverhältnisse überdeutlich wieder: Der FSV Frankfurt hatte die Spielzeit als Tabellenzweiter abgeschlossen und die Rückkehr in die Drittklassigkeit einmal mehr verpasst. Meister wurde der Stadtrivale Eintracht Frankfurt – mit seiner Reservemannschaft. 50 Jahre zuvor war der Club vom Bornheimer Hang noch die Nummer Eins in der Stadt und in der Region gewesen, anschließend aber stets zwischen Zweit- und Drittklassigkeit gependelt und seit 1996 sogar in der viertklassigen Oberliga Hessen beheimatet.

Einer Gruppe um die langjährig treibende Kraft Bernd Reisig war es zu danken, dass der Club finanziell wie sportlich mit jungen Nachwuchskräften in der Oberliga einen Neuanfang starten konnte. Bereits zwei Jahre später wurde die Rückkehr in die Regionalliga gefeiert, die jedoch nur von kurzer Dauer sein sollte. Denn zum Ende der Saison 1999/2000 stieg man unglücklich und unnötig wieder ab.

Erst unter dem Trainer und ehemaligen FSV-Frankfurt-Spieler Tomas Oral gelang 2007 die Rückkehr – und ein Jahr darauf gleich die Sensation. Die Hürde, sich gleich im ersten Jahr der Rückkehr für die neue 3. Liga zu qualifizieren, erwies sich als nicht zu hoch für den Club aus dem Stadtteil Bornheim („Bernem"). Der FSV Frankfurt schaffte den Durchmarsch und startete als Meister in die 2. Bundesliga durch. Kurios: Bereits 1994, als die Regionalliga als neue Spielklasse zwischen 2. Bundesliga und Oberliga eingeführt wurde, hatten die Frankfurter auf dem Weg nach oben eine Liga überspringen können. Der Erfolg kam so schnell, dass der FSV Frankfurt aufgrund der Umbauarbeiten im Frankfurter Volksbank Stadion eine Saison lang nicht auf eigenem Platz spielen konnte. Inzwischen aber ist die Mannschaft wieder in ihr Zuhause am Bornheimer Hang zurückgekehrt. In zwei nervenaufreibenden Zweitliga-Saisons sicherten die Schwarz-Blauen jeweils am letzten Spieltag den Klassenerhalt. In beiden Spielzeiten stand der FSV Frankfurt nach der Hinrunde mit 13 Punkten in der Abstiegszone und schaffte jeweils mit einem Kraftakt von 25 Zählern in der Rückserie den direkten Klassenerhalt. Und wenn der Eindruck aus der ersten Saisonhälfte 2010/2011 nicht täuscht, dann befindet sich der Deutsche Amateur-Meister von 1972 auf einem sehr guten Weg, in der 2. Bundesliga richtig Fuß zu fassen.

FSV Frankfurt 1899
Richard-Hermann-Platz 1
60386 Frankfurt (Main)
www.fsv-frankfurt.de

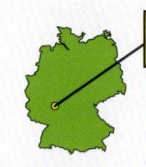

Frankfurt

Wer hätte das gedacht?

Drei Deutsche Meisterschaften und fünf Triumphe im DFB-Pokal. Von 1985 bis 1998 gewann der FSV Frankfurt gleich acht nationale Titel – und zwar im Frauenfußball. Die Bornheimer sind der einzige Profi-Club, bei dem die Damen mehr Erfolge vorweisen können als die Herren. Legendär war die Saison 1994/95, in der die Frankfurterinnen alle 18 Spiele gewannen und mit einem sagenhaften Torverhältnis von 92:4 Meister wurden. Mit dabei war damals auch die heutige deutsche Rekordnationalspielerin, dreimalige Weltfußballerin und Deutschlands achtmalige Fußballerin des Jahres, Birgit Prinz.

FSV Frankfurt 1899

Gründung:	20.08.1899
Meisterschaften:	0
Pokalsiege:	0
Mitgliederzahl:	1.000
Meiste Pflichtspiele:	–
Meiste Tore:	–
Stadion:	Frankfurter Volksbank Stadion 10.385 Zuschauer

Heim- und Auswärtstrikot:

Die Platzierungen 1993 bis 2010:

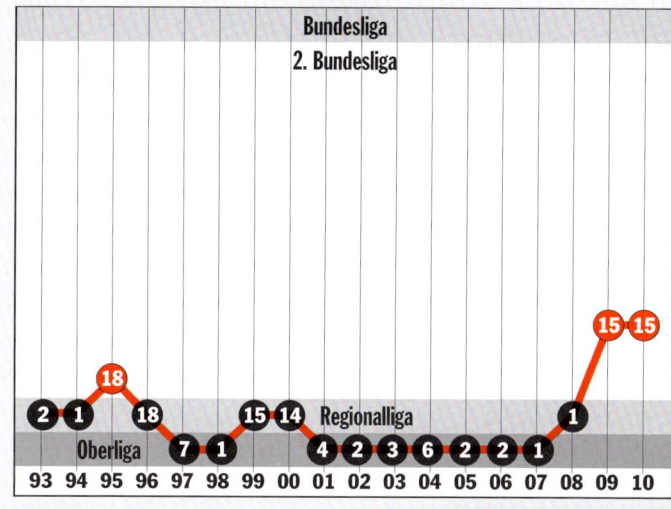

Li & La –
Eine **Klasse** für sich

Dass die Lila-Weißen, wie man die Osnabrücker auf Grund ihrer Clubfarben nennt, ernst zu nehmende Gegner sind, wird immer wieder im DFB-Pokal deutlich. Kein anderer Club, der nie in der Bundesliga spielte, kann auf eine ähnlich erfolgreiche Bilanz verweisen. Sechs Mal erreichten die Osnabrücker das Achtelfinale, zweimal sogar die Runde der letzten acht Mannschaften. Zuletzt in der Saison 2009/2010, als mit dem Hamburger SV und Borussia Dortmund gleich zwei etablierte Bundesligisten besiegt werden konnten. Dank seiner treuen, stimmgewaltigen Fans hat sich der VfL Osnabrück einen Namen als Pokalschreck gemacht. Vor allem bei Abendspielen unter Flutlicht wird das Stadion an der Bremer Brücke, das heute osnatel ARENA heißt, zu einer nur schwer einnehmbaren Festung.

Kaum zu glauben, dass diese Beständigkeit im DFB-Pokal in der 2. Bundesliga nicht immer gezeigt werden kann. Rauf, runter, hoch und direkt wieder zurück. So könnte der sportliche Werdegang des VfL Osnabrück beschrieben werden. Seit Jahrzehnten erleben die Fans der Niedersachsen ein stetes Wechselbad der Gefühle. Aufstieg und Abstieg liegen oftmals nah beieinander. Allein seit 2000 wechselte der Club zwischen 2. Bundesliga und 3. Liga sieben Mal die Spielklasse.

Ob Rekordspieler Joe Enochs (1996 bis 2008) oder andere Clublegenden nach Gründung der Bundesliga wie Claus-Dieter Wollitz als Spieler (1989 bis 1993) und Trainer (2004 bis 2009), Ralf Heskamp (1983 bis 1992) und Publikumsliebling Uwe Brunn (1991 bis 2003): Sie alle erlebten die Auf- und Abstiege beim VfL Osnabrück. Und nicht selten waren sie daran selbst entscheidend beteiligt. Wie im Fall von Torwart Brunn, der 2000 mit einem gehaltenen Elfmeter im Entscheidungsspiel gegen den 1. FC Union Berlin den dritten Aufstieg der Clubgeschichte sicherte. Im Folgejahr kehrte der VfL Osnabrück wieder in die Drittklassigkeit zurück, die damals noch den Namen Regionalliga Nord trug.

Daran, dass beim VfL Osnabrück dauerhaft Zweitligafußball zu sehen sein wird, arbeiten alle Beteiligten mit großem Engagement. Um ihre Mannschaft lautstark zu unterstützen, singen die Fans vor jedem Spiel die Hymne ihres Clubs „Wir sind alle ein Stück ... VfL Osnabrück". Für die jüngeren Fans gibt es übrigens eine eigene Kindertribünen-Hymne. In dieser spielen die beiden Maskottchen des Clubs die Hauptrolle, in Kurzform benannt nach den Clubfarben: Li & La.

Schon so mancher Favorit stolperte in einer Osnabrücker Spätschicht ...

Wer hätte das gedacht?

Eine neue Nordtribüne in der jetzigen osnatel ARENA war längst überfällig, denn die alten Ränge waren in die Jahre gekommen. 2008 war es dann so weit. Für 5,5 Millionen Euro konnte die Tribüne nach jahrelangem Warten gebaut werden. Allerdings anders als geplant. Lediglich drei Viertel der insgesamt 5.700 Stadionplätze wurden mit einem Dach versehen. Ein Stück im Nordwesten blieb als Cabrio-Version oben offen und ließ das Stadion aussehen, als sei dem Club beim Bau das Material ausgegangen. Doch der Grund für die Lücke war ein anderer. Eine ältere Dame wollte das anliegende Grundstück nicht verkaufen, hatte erfolgreich Einspruch eingelegt und sich bei den Besuchern damit vor allem bei Regenspielen immer wieder in Erinnerung gerufen.

VfL Osnabrück
Scharnhorststr. 50
49084 Osnabrück
www.vfl.de

Osnabrück

VfL Osnabrück

Gründung:	17.04.1899
Meisterschaften:	0
Pokalsiege:	0
Mitgliederzahl:	1.350
Meiste Pflichtspiele:	–
Meiste Tore:	–
Stadion:	osnatel ARENA 16.130 Zuschauer

Heim- und
Auswärtstrikot:

Die Platzierungen 1993 bis 2010:

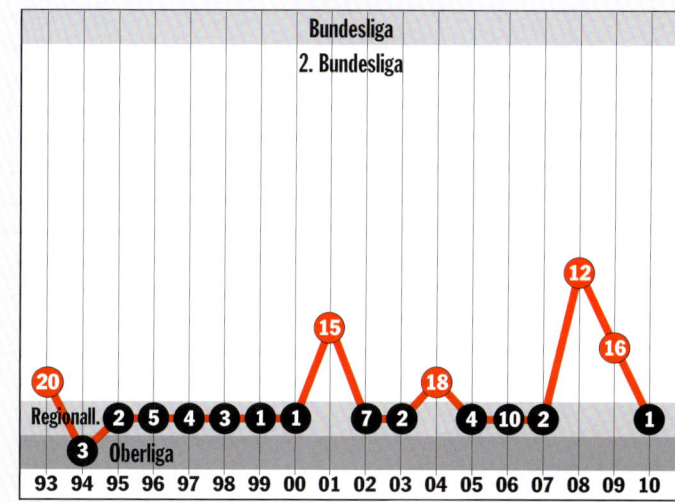

Das „Schalke des Ostens" in neuer Rolle

Malerisch fügt sich das Erzgebirgsstadion in die umliegende Hügellandschaft. Idyllisch und beschaulich wirkt die Spielstätte des FC Erzgebirge Aue, die auch in sportlicher Hinsicht einiges zu bieten hat. Bereits kurz nach Fertigstellung der Spielstätte 1950, damals noch unter dem Namen Otto-Grotewohl-Stadion, wurden hier große Erfolge gefeiert. 1956, 1957 und 1959 wurde der Club, damals noch unter dem Namen SC Wismut Karl-Marx-Stadt, DDR-Meister und nahm am Europapokal der Landesmeister teil. In den Achtzigerjahren folgten zwei Teilnahmen im UEFA-Cup. So stetig die sportliche Entwicklung während der DDR-Zeit verlief, so wechselhaft war der Clubname, der aus politischen Gründen mehrfach wechselte. So war mit der Änderung von BSG Wismut Aue zum SC Wismut Karl-Marx-Stadt 1954 sogar versucht worden, den beliebten Club nach Karl-Marx-Stadt, das heutige Chemnitz, umzusiedeln. Doch der Protest der Auer war zu groß, die Parteifunktionäre beließen es bei der Namensänderung. Was nichts daran änderte, dass die ganz großen, erfolgreichen Zeiten vorerst vorbei sein sollten. Gegen die besser besetzten Clubs aus den immer mehr bevorzugten Großstädten bot Wismut mit seinen treuen Fans Einsatz, Kampf und Leidenschaft und war stolz, als

einzige Mannschaft von Anfang bis Ende der Oberliga angehört zu haben. Ohnehin passten die neuen Tugenden viel besser zum Selbstverständnis eines provinziellen Arbeitervereins aus Aue, wo sich alles um den Bergbau drehte. Die Fußball-Fans in der DDR fanden dann auch schnell eine deutsch-deutsche Parallele und nannten Wismut Aue anerkennend „Schalke des Ostens".

Nach der Wende wurde aus der Betriebssportgemeinschaft BSG zunächst der Club FC Wismut Aue, der sich ab 1992 den Namen FC Erzgebirge Aue gab. Im Rahmen der Eingliederung in den gesamtdeutschen Fußball mussten die Sachsen ihre neue Rolle allerdings erst finden. Am 1. Juli 1999 übernahm Gerd Schädlich das Traineramt und begann an alte erfolgreiche Zeiten anzuknüpfen. 2003 stieg er mit seiner Mannschaft als Meister der Regionalliga Nord in die 2. Bundesliga auf. Das Bundesliga-Unterhaus wurde zur neuen Heimat der Auer, die nach Schädlichs Abschied im Dezember 2007 ein halbes Jahr später zwar den Gang in die Dritte Liga antraten, nach zwei Spielzeiten aber wieder zurückkehrten. Unter Trainer Rico Schmitt gelang nicht nur der Aufstieg, sondern der FC Erzgebirge Aue legte in der 2. Bundesliga 2010/11 auch einen nahezu perfekten Start hin, der Erinnerungen an die erfolgreiche Zeit in den Fünfzigerjahren weckte.

FC Erzgebirge Aue
Lößnitzer Str. 95
08280 Aue
www.fc-erzgebirge.de

Aue

Im Oktober 2005 warf der FC Erzgebirge Aue den FC Bayern München mit 1:0 aus dem DFB-Pokal.

Wer hätte das gedacht?

Mit gerade mal 17.500 Einwohnern ist Aue der kleinste Standort einer Mannschaft der 2. Bundesliga. Wenn der FC Erzgebirge Aue aber zu einem Spiel antritt, fiebert die komplette Region mit, und das weit über den Erzgebirgskreis mit seinen 377.700 Einwohnern hinaus. Dann weht vor dem Rathaus die Clubfahne. Oberbürgermeister und Club-Aufsichtsrat Heinrich Kohl weiß: „Der FC Erzgebirge Aue ist ein Identitätsstifter für die gesamte Region." Ganz Aue war nach dem Wiederaufstieg von 2010 in Lila geschmückt, aber der Club gibt auch etwas zurück. In Anlehnung an seine Vergangenheit als erfolgreicher Bergbauverein Wismut Aue bezeichnet man sich gerne als „Die Macht aus dem Schacht". Und es ist ungeschriebenes Gesetz, dass beim Einlaufen der Mannschaften im Stadion der Steigermarsch ertönt. Für die sächsische Stadt Aue hat der Fußball einen enormen Wert. Glück auf!

FC Erzgebirge Aue

Gründung:	24.09.1949
Meisterschaften:	3
Pokalsiege:	1
Mitgliederzahl:	1.350
Meiste Pflichtspiele:	Holger Erler (359)
Meiste Tore:	Willy Tröger (105)
Stadion:	Erzgebirgsstadion 16.397 Zuschauer

Heim- und Auswärtstrikot:

Die Platzierungen 1993 bis 2010:

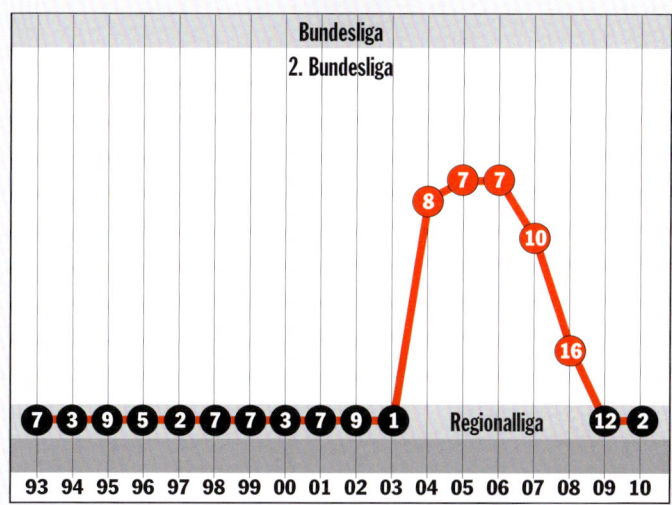

Bundesliga
2. Bundesliga
8 · 7 · 7 · 10 · 16
7 3 9 5 2 7 7 3 7 9 1 · Regionalliga · 12 2

93 94 95 96 97 98 99 00 01 02 03 04 05 06 07 08 09 10

In alter Schanzer-Tradition

Dritte Liga zu qualifizieren, stiegen die „Schanzer" gleich in die 2. Bundesliga auf. Dies hatten sie auch dem seit Januar 2008 neuen Trainer und ehemaligen Profi des FC Bayern München, Thorsten Fink, zu verdanken. Der Aufstieg fand früher als geplant statt, im Nachhinein betrachtet vielleicht zu früh. Denn nach einem hervorragenden zwölften Tabellenplatz zum Ende der Hinrunde stand der FC Ingolstadt 04 im neuen Jahr auf einem Abstiegsplatz. Auch Finks Nachfolger Horst Köppel konnte den Kurs nicht mehr entscheidend verändern. Nach einer 0:1-Heimniederlage gegen den FC St. Pauli stand am 32. Spieltag vorzeitig der Abstieg in die Drittklassigkeit fest.

Ein anderes Problem der Ingolstädter war, dass sie seinerzeit noch kein Bundesliga-taugliches Stadion besaßen und von der DFL nach dem Aufstieg 2008 lediglich eine auf zwei Jahre befristete Ausnahmegenehmigung erhalten hatten, um im umgebauten ESV-Stadion spielen zu dürfen. So war den Verantwortlichen um den Vorsitzenden des Vorstands, Peter Jackwerth, und Hauptsponsor Audi klar, dass ein Wiederaufstieg nur mit einer neuen Spielstätte erreicht werden könnte. Am 22. Mai, wenige Tage nach dem Abstieg, erfolgte der erste Spatenstich zum Audi Sportpark und der Plan ging auf. Nach der Herbstmeisterschaft in der 3. Liga rettete sich der FC Ingolstadt 04 in die Relegationsspiele gegen den Drittletzten der 2. Bundesliga, den F.C. Hansa Rostock. Dank zweier Siege war der FC Ingolstadt 04 wieder zweitklassig – und ein neues Stadion gab es auch.

Die Ziele waren ehrgeizig, als sich 2004 die Fußballabteilungen des MTV Ingolstadt 1882 und des ESV Ingolstadt 1919 zusammenschlossen und unter dem Namen FC Ingolstadt 04 einen neuen, leistungsorientierten Club bildeten. Doch dass es dann so schnell ging, hatten sie selbst in Ingolstadt nicht gedacht. Noch unter dem Namen MTV Ingolstadt qualifizierte man sich für den Aufstieg in die Bayernliga. 2004 – unter neuem Namen – startete man durch und schnupperte bereits vier Jahre später die Luft der 2. Bundesliga.

Nach anfänglichen Schwierigkeiten – der Durchmarsch in die Regionalliga Süd gelang erst zwölf Monate später – wurde die Vorgabe in der Saison 2007/2008 deutlich übertroffen. Statt sich wie geplant für die neue eingleisige

15.729 Zuschauer fasst die am 24. Juli 2010 offiziell eingeweihte Spielstätte. Auch dank der Mithilfe von Audi soll es nun mittelfristig weiter aufwärts gehen. Und zumindest bezüglich des Stadions sind die Voraussetzungen bereits geschaffen. Bei der Planung wurden weitere Ausbaustufen berücksichtigt. Je nach Entwicklung kann die Arena auf 22.000 oder gleich auf 30.000 Besucherplätze erweitert werden.

Man ist gewappnet – ganz in alter Schanzer-Tradition.

FC Ingolstadt 04
Am Sportpark 1
85053 Ingolstadt
www.fcingolstadt.de

Ingolstadt

RELEGATION 2010
DIE ENTSCHEIDUNG

FC INGOLSTADT 04 : F.C. [

Spontane Aufstiegsfeier
nach dem zweiten Sieg gegen
den F.C. Hansa Rostock

Wer hätte das gedacht?

Sie nennen sich Schanzer, die Fans des FC Ingolstadt 04, und auch die Spieler werden immer wieder so bezeichnet. Weshalb eigentlich? Die Schanzer sind die Bewohner Ingolstadts, der jüngsten deutschen Großstadt, die 1989 die 100.000-Einwohner-Grenze überschritt. Etwa 450 Jahre zuvor, 1537, wurde Ingolstadt zur bayerischen Landesfestung ernannt. Durch die Lage an wichtigen Handelswegen war die strategische Bedeutung Ingolstadts früh erkannt worden, was Ingolstadt den Spitznamen „die Schanz" einbrachte. Begrifflichkeiten, die bis heute geblieben sind und gepflegt werden. So auch im Clubwappen, wo es in großen Lettern geschrieben steht: Schanzer.

FC Ingolstadt 04

Gründung:	05.02.2004
Meisterschaften:	0
Pokalsiege:	0
Mitgliederzahl:	600
Meiste Pflichtspiele:	–
Meiste Tore:	–
Stadion:	Audi Sportpark 15.729 Zuschauer

Heim- und
Auswärtstrikot:

Die Platzierungen 1993 bis 2010:

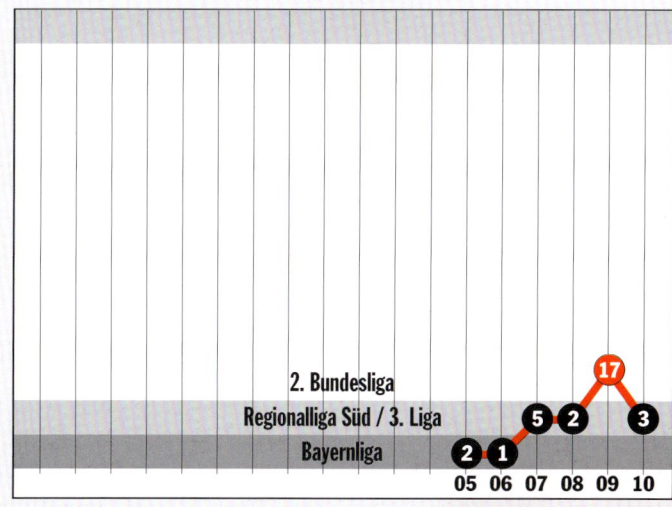

2. Bundesliga				17	
Regionalliga Süd / 3. Liga		5	2		3
Bayernliga	2	1			
	05	06 07	08	09	10

Schiedsrichter Manuel Gräfe (M.) und seine Assistenten Markus Haecker und Bastian Dankert

Pfiffige Spielleiter – Die Schiedsrichter

Ohne Schiedsrichter geht es nicht! So lautet eine einfache und richtige Formel. Die Unparteiischen sorgen auf dem Platz für die Einhaltung des Regelwerks, leiten mit Hilfe von Pfeife, Gelber und Roter Karte die Spiele, und bei der Vielzahl von Entscheidungen und der hohen Verantwortung ist es fast logisch, dass der 23. Mann es nicht jedem Profi, Trainer oder Fan immer Recht machen kann.

Schiedsrichter zu sein, ist wirklich kein leichter Job, zumal dieser in den unteren Spielklassen auch noch schlecht oder gar nicht bezahlt wird. Lediglich der Aufwand von An- und Abreise wird entschädigt. Insofern gehört ein hohes Maß an Idealismus, Charakterfestigkeit und Selbstvertrauen dazu, um die Rolle des Unparteiischen auszufüllen. Die Schiedsrichterei ist in doppelter Hinsicht ein Ehrenamt, Nachwuchs kann der Fußball immer gut gebrauchen. Im Jahr 2010 gab es rund 78.000 Unparteiische, und mit dieser Anzahl ist es nicht ganz einfach, die mehr als 100.000 Pflichtspiele, die an jedem Wochenende in Deutschland stattfinden, alle zu besetzen.

Wer es bis in die Bundesliga schaffen will, muss zunächst einem im Deutschen Fußball-Bund (DFB) organisierten Sportverein angehören, einen Lehrgang bestehen und beginnt im Jugendbereich und in unteren Spielklassen Erfahrungen zu sammeln. Das Mindestalter beträgt in

Markus Schmidt

Die Bundesliga-Schiedsrichter 2010/2011

Deniz Aytekin	21.07.1978	Oberasbach
Dr. Felix Brych	03.08.1975	München
Christian Dingert	14.07.1980	Lebecksmühle
Dr. Jochen Drees	15.03.1970	Münster-Sarmsheim
Marco Fritz	03.10.1977	Korb
Peter Gagelmann	09.06.1968	Bremen
Manuel Gräfe	21.09.1973	Berlin
Thorsten Kinhöfer	27.06.1968	Herne
Knut Kircher	02.02.1969	Rottenburg
Florian Meyer	21.11.1968	Burgdorf
Günter Perl	23.12.1969	Pullach
Babak Rafati	28.05.1970	Hannover
Markus Schmidt	31.08.1973	Stuttgart
Marc Seemann	20.04.1973	Essen
Peter Sippel	06.10.1969	München
Wolfgang Stark	20.11.1969	Ergolding
Michael Weiner	21.03.1969	Giesen
Tobias Welz	11.07.1977	Wiesbaden
Markus Wingenbach	26.11.1978	Diez
Guido Winkmann	27.11.1973	Kerken
Felix Zwayer	19.05.1981	Berlin

Thorsten Kinhöfer

Die Schiedsrichter der 2. Bundesliga, 2010/2011

Christian Bandurski	22.12.1982	Oberhausen
Tobias Christ	26.06.1976	Münchweiler a. d. Rodalb
Bastian Dankert	09.07.1980	Rostock
Christian Fischer	04.08.1970	Hemer
Norbert Grudzinski	12.05.1977	Hamburg
Robert Hartmann	08.09.1979	Wangen
Patrick Ittrich	03.01.1979	Hamburg
Robert Kampka	21.02.1982	Mainz
Robert Kempter	22.03.1988	Sauldorf
Christian Leicher	21.08.1978	Landshut
Thomas Metzen	27.07.1981	Mechernich
Harm Osmers	28.01.1985	Hannover
Georg Schalk	22.01.1967	Augsburg
Christian Schößling	26.04.1973	Leipzig
Thorsten Schriever	07.03.1976	Dorum
Daniel Siebert	04.05.1984	Berlin
Bibiana Steinhaus	24.03.1979	Hannover
Florian Steuer	22.06.1980	Menden
Tobias Stieler	02.07.1981	Obertshausen
Sascha Thielert	25.01.1980	Buchholz
Frank Willenborg	10.02.1979	Osnabrück

den meisten Bundesländern zwölf Jahre. Durch gute Leistungen, die von Schiedsrichterbeobachtern festgehalten werden, kann man sich für höhere Ligen empfehlen, in denen man anfangs meist als einer von zwei Schiedsrichter-Assistenten eingesetzt wird. Neben Regelkenntnis und

guten Spielleistungen entscheiden auch die jährlich mindestens einmal geprüften Fitnesswerte über Auf- und Abstieg. In die Bundesliga schaffen es nur die wenigsten. In der Saison 2010/2011 gehörten 22 Schiedsrichter dem besonderen Kader der höchsten deutschen Spielklasse an. Für einen Einsatz erhalten sie etwa 3.800 Euro, ihre Assistenten, von denen es in der Bundesliga 42 gibt, die Hälfte. Der vierte Offizielle, der sich zwischen den Trainerbänken aufhält, bekommt immerhin noch ein Viertel der Summe. In der 2. Bundesliga ist der Verteilungsschlüssel derselbe, wenn auch zu geringeren Konditionen.

Peter Sippel

Sahin, Draxler, Holtby:
Lang ist die Liste der Jungstars der
Bundesliga. Bist auch du bereit für
dieses Abenteuer?

Lebe deinen Traum – Das
Fußball-Internat
als Chance

Nuri Sahin

Morgens in die Schule, am Nachmittag zur Hausaufgabenbetreuung und abends auf den Trainingsplatz – die Woche hält nicht viel Abwechslung bereit. Was alle Jugendlichen treibt, die dieses kräftezehrende Programm durchlaufen, ist das gleiche Ziel: Fußballprofi werden. Tausende Fußballspieler leben in Deutschland ihren Traum, ordnen Freunde und Freizeit unter, einige wenige von ihnen sogar als Bewohner eines Jugendfußball-Internats.

2001 wurde es für die Clubs zur Bedingung gemacht, Nachwuchsleistungszentren zu eröffnen. Seitdem verfügen alle 36 Bundesligisten über Einrichtungen, die auswärtigen Talenten unter pädagogischer Betreuung die Möglichkeit geben, sich für eine mögliche Karriere als Profi vorzubereiten und zu empfehlen.

Eine Maßnahme, die sich bewährt hat. Die erfolgreichen Clubs der vergangenen Jahre zeichnen sich durch zwei Dinge aus: eine hervorragende Jugendarbeit und eine hohe Durchlässigkeit zur Profimannschaft. Zufall? Der Sprung aus dem Jugendbereich in die Profikader gelingt immer früher. Mittlerweile sind mehr als 15 Prozent der Bundesliga-Spieler jünger als 21 Jahre.

Die jüngsten Bundesliga-Spieler aller Zeiten

	Name	Alter beim Bundesliga-Debüt	am	Club
1.	Nuri Sahin	16 Jahre, 11 Monate, 1 Tag	06.08.2005	Borussia Dortmund
2.	Jürgen Friedl	17 Jahre, 26 Tage	20.03.1976	Eintracht Frankfurt
3.	Ibrahim Tanko	17 Jahre, 1 Monat, 30 Tage	24.09.1994	Borussia Dortmund
4.	Julian Draxler	17 Jahre, 3 Monate, 27 Tage	15.01.2011	FC Schalke 04
5.	Christian Wörns	17 Jahre, 3 Monate, 30 Tage	09.09.1989	SV Waldhof Mannheim

Die jüngsten Bundesliga-Torschützen aller Zeiten

	Name	Alter beim ersten Bundesliga-Tor	am	Club
1.	Nuri Sahin	17 Jahre, 2 Monate, 22 Tage	26.11.2005	Borussia Dortmund
2.	Lars Ricken	17 Jahre, 8 Monate, 2 Tage	11.03.1994	Borussia Dortmund
3.	Ibrahim Tanko	17 Jahre, 8 Monate, 8 Tage	11.04.1995	Borussia Dortmund
4.	Marc-Andre Kruska	17 Jahre, 10 Monate, 23 Tage	21.05.2005	Borussia Dortmund
5.	Rüdiger Abramczik	17 Jahre, 10 Monate, 24 Tage	12.01.1974	FC Schalke 04

Nur auf den ersten Blick wirkt das Leben im Internat in jeder Hinsicht toll: eigene vier Wände, im Alter von 16 Jahren mit Gleichaltrigen und Gleichgesinnten zusammen leben und im Trikot eines großen Clubs auflaufen und trainieren. Doch das Leben im Internat hat auch andere Seiten. Regeln müssen eingehalten werden. Und wer den Anforderungen auf dem Fußballplatz nicht nachkommt, in seiner Entwicklung zu lange stehenbleibt oder durch Regelverstöße auffällt, wird sportlich sitzenbleiben. Denn die Konkurrenz ist groß, die Anforderungen sind hoch für den „Profi in spe" in der Junioren-Bundesliga. Keine einfache Situation. Neben fußballerischen Qualitäten ist vor allem Disziplin und unbedingter Wille gefragt. Zumal viele Clubs auch Wert auf die schulischen Leistungen legen, um den Spielern, die es nicht bis nach ganz oben schaffen, eine alternative Berufswahl zu ermöglichen. Wer die Zeit im Klassenraum allein zur Regeneration nutzt, bekommt Probleme – früher oder später.

Die, die es am Ende tatsächlich bis in die Bundesliga schaffen, werden für die vielen Entbehrungen belohnt. Vor allem mit sportlichem Erfolg, Popularität und gutem Verdienst. Und wenn ein Nuri Sahin, der 2005 als 16-Jähriger und jüngster Spieler aller Zeiten in der Bundesliga startete, heute mit Borussia Dortmund auf dem Platz steht, dann sitzt nicht nur im Ruhrgebiet der Nachwuchs vor dem Fernseher und träumt davon, es ihm schon bald gleichzutun. Nach dem Abpfiff wird allerdings auch schnell der Fernseher ausgeschaltet. Zeit, um ins Bett zu gehen und im Schlaf Kraft zu tanken für den nächsten Tag. Der hält Schule, Hausaufgaben und intensives Fußballtraining bereit ...

Dennis Aogo

André Schürrle, Adam Szalai und Lewis Holtby

U-18-Spieler, die in den vergangenen zwei Jahren debütierten

	Name	Alter beim Bundesliga-Debüt	am	Club
1.	Julian Draxler	17 Jahre, 3 Monate, 27 Tage	15.01.2011	FC Schalke 04
2.	Mario Götze	17 Jahre, 5 Monate, 18 Tage	21.11.2009	Borussia Dortmund
3.	Sonny Kittel	17 Jahre, 7 Monate, 22 Tage	28.08.2010	Eintracht Frankfurt

SG Dynamo Dresden, VfB Stuttgart, Inter Mailand, Borussia Dortmund lauteten die Stationen von Matthias Sammer (hier 1989 beim Länderspiel DDR – UdSSR 2:1).

Dynamo, Motor, Schwarze Pumpe –
Fußball in der DDR

Es war am 2. Juni 1991. Im Spiel gegen FC Stahl Eisenhüttenstadt traf Jens Wahl zum 1:0 für den F.C. Hansa Rostock und schrieb damit Geschichte. Eine Woche zuvor war die letzte von 42 nationalen Punktspielrunden zu Ende gegangen. Der Deutsche Fußballverband DFV, das Gegenstück zum westdeutschen DFB, hatte sich bereits im November des Vorjahres aufgelöst. Wahls Treffer entschied das letzte FDGB-Pokalendspiel der Geschichte, bescherte den Rostockern nach der Meisterschaft auch den Pokalsieg und beendete damit – acht Monate nach dem Ende des Staates – auch das Kapitel Fußball in der DDR.

Begonnen hatte alles nach dem Zweiten Weltkrieg. Wie in Westdeutschland bildete die Oberliga auch in der sowjetischen Besatzungszone die höchste Spielklasse, für die in der Ostzonenmeisterschaft ein eigener Titelträger gefunden wurde. Auch gab es, anders als in der Bundesrepublik, keine typischen Fußballclubs mehr. Sie waren zu sogenannten Sportgemeinschaften umgewandelt worden, die nach Gründung der DDR 1949 dann häufig als Betriebssportgemeinschaften einem bestimmten staat-

lichen Produktionsbetrieb zugehörig waren. Das führte nicht nur zu einer anderen Struktur des Leistungsfußballs als im Westen, sondern sorgte auch für ungewöhnliche Namen. Während der FC Bayern München schon damals FC Bayern München hieß, spielten in der DDR Mannschaften mit Namen wie Turbine Erfurt, BSG Chemie Böhlen, Kernkraftwerk Greifswald, Lokomotive Leipzig, Aktivist Schwarze Pumpe, FC Wismut Aue oder Elektroprojekt und Anlage Bau 47 Lichtenberg um Punkte. Weitaus größer als der Ärger über diese aufgezwungenen Namen war damals der Unmut über eine andere Einflussnahme von oben. Nicht selten nahm der Staatsapparat direkt oder indirekt Einfluss auf den Ausgang von Spielen und Meisterschaften. Am auffälligsten wurde dies am Beispiel des BFC Dynamo Berlin, dem Rekordmeister der DDR-Oberliga.

Am 23.3.1990 unterlag Dynamo Dresden dem FC Carl Zeiss Jena mit 0:4.

Den einzigen Direktvergleich der beiden deutschen Nationalmannschaften entschied die DDR während der WM 1974 mit 1:0 für sich.

Länderspiel DDR – Rumänien (3:3) am 30.3.1988 im Kurt-Wabbel-Stadion in Halle

1954 war die gesamte Mannschaft von Dynamo Dresden nach Berlin versetzt worden, um künftig als SC Dynamo Berlin in der Oberliga weiterzuspielen, ab 1966 dann unter dem neuen Namen BFC. Immer wieder wurden unter dem Ehrenvorsitz von Stasi-Chef Erich Mielke die talentiertesten Spieler des Landes zu seinem Lieblingsclub nach Berlin delegiert, um den BFC Dynamo auch im Ausland zum großen Aushängeschild des DDR-Fußballs werden zu lassen. Die Folge: Zwischen 1979 und 1988 gewann der Stasi-Club zehn Mal hintereinander die Meisterschaft der DDR-Oberliga.

International ging der Plan nur bedingt auf. Zweimal, 1980 und 1984, schaffte es der BFC bis ins Viertelfinale des Europapokals der Landesmeister, dem Vorläufer der

UEFA Champions League. Im Europapokal der Pokalsieger schieden die Berliner 1972 gegen Dynamo Moskau erst nach Elfmeterschießen im Halbfinale aus. Dafür gewann zwei Jahre darauf ein anderer Ostclub diesen Wettbewerb. Der bei den Fans wesentlich beliebtere 1. FC Magdeburg sicherte sich durch einen 2:0-Sieg gegen den AC Mailand den Titel. Carl Zeiss Jena schaffte es 1981 immerhin ins Endspiel, ebenso Lok Leipzig 1987. Zwei Clubs, denen neben Dynamo Dresden die meisten Sympathien in der DDR galten. Jena sicherte sich mit einem Sieg und drei Unentschieden mehr als der BFC auch den Spitzenplatz in der Ewigen Tabelle der DDR-Oberliga.

Heute sind die erfolgreichen Ostclubs, die nach der Wiedervereinigung auf Grundlage der Abschlusstabelle 1990/91 zwei Startplätze in der Bundesliga (F.C. Hansa Rostock, 1. FC Dynamo Dresden) und sechs in der 2. Bundesliga (Rot-Weiß Erfurt, Hallescher FC Chemie, Chemnitzer FC, FC Carl Zeiss Jena, 1. FC Lok Leipzig, BSV Stahl Brandenburg) erhielten, vermehrt in der 3. Liga und der viertklassigen Regionalliga oder noch tiefer im Amateurbereich zu finden. Auch ihre besten Spieler wie Andreas Thom, Matthias Sammer, Ulf Kirsten, Rico Steinmann oder Thomas Doll wechselten schon bald zu Clubs aus Westdeutschland. Der FC Energie Cottbus, der FC Erzgebirge Aue und Union Berlin spielen als einzige Vertreter in der 2. Bundesliga, die 18 Bundesliga-Standorte liegen ausschließlich auf dem Gebiet der ehemaligen Bundesrepublik.

F.C. Hansa Rostock – FC Stahl Eisenhüttenstadt (1:0) am 2.6.1991

Der **Blick** in die **Glaskugel**

Im Jahr 2013 wird die Bundesliga ihren 50. Geburtstag feiern und bis dahin voraussichtlich weiter neue Rekorde aufstellen, was TV-Zuschauer, Resonanz und Wirtschaftlichkeit betrifft.
Doch was passiert mit dem Spiel selbst? Wie wird der Fußball der Zukunft aussehen? Seit Jahren wird der Ruf nach Veränderungen laut, vor allem um mögliche Fehlentscheidungen zu verringern.

Die Torrichter
Einsatzchance: 60%

In der UEFA Europa League gehören sie seit 2009 bereits zum gewohnten Bild. Ab Sommer werden die Torrichter nun auch für mindestens zwei Jahre in der UEFA Champions League sowie bei der Europameisterschaft 2012 am Spielfeldrand neben den Toren stehen. In Asien sowie in Süd- und Mittelamerika werden sie sogar im Ligabetrieb eingesetzt, Frankreich testet die Sinnhaftigkeit des dann sechsköpfigen Schiedsrichter-Gespanns im Ligapokal-Wettbewerb. Hauptaufgabe der zwei Torrichter ist das Überwachen der Torlinie, um bei strittigen Szenen zu entscheiden, ob der Ball in vollem Umfang die Torlinie überschritten hat oder nicht. In Deutschland stehen sogar die Schiedsrichter selbst der Neuerung mehrheitlich skeptisch gegenüber, da die menschliche Fehlerquelle trotz höheren Personalaufwands bestehen bleibt. Das Nutzen von Torkameras wurde vom International Football Association Board, den Regelhütern des Fußballs, nicht erlaubt. Dagegen ist die Hinzuziehung von Torrichtern mittlerweile möglich. Sollten zukünftig weitere Länder die Torrichter in ihren Profiligen einsetzen, käme das irgendwann wohl auch für die Bundesliga in Frage.

Der Chip im Ball
Einsatzchance: 25%

Wie die Torkamera lehnt das International Board momentan auch den Chip im Ball ab, obwohl dieser eindeutig ermitteln könnte, ob der Ball die Torlinie überschritten hat oder nicht. An der Begrenzung des Strafraums und hinter dem Tor müssten dafür Kabel im Boden verlegt werden, um schwache Magnetfelder zu erzeugen. Ein in den Ball eingebauter Sensor misst diese Felder und sendet die Werte per Funk an einen Computer, der auf Grund der Daten millimetergenau und in Bruchteilen von einer Sekunde errechnet, ob der Ball im Tor war oder nicht. Der Schiedsrichter erhält das Ergebnis unmittelbar auf seine spezielle Armbanduhr übertragen. Ein längst erfolgreich erprobtes Verfahren, für das sich auch die deutschen Schiedsrichter sowie zahlreiche Bundesliga-Trainer und -spieler aussprechen. Elektronische Neuerungen sind beim Fußball-Weltverband (FIFA) aber (noch) ein Tabuthema. Und ohne deren Erlaubnis ist ein deutscher Alleingang kaum vorstellbar.

Der Video-Beweis
Einsatzchance: 5%

Da die FIFA wie auch das International Board den Fußball möglichst einheitlich belassen wollen, also von der UEFA Champions League bis in die untersten Amateur- und Jugendligen die gleichen Regeln und Rahmenbedingungen gelten sollen und die technischen Neuerungen für einen flächendeckenden Einsatz zu kostspielig sind, wird es in der Bundesliga nach aktuellem Stand auch keinen Video-Beweis geben. Ähnlich wie im Tennis sollte jeder Mannschaft ermöglicht werden, in einem festgelegten Umfang Schiedsrichterentscheidungen anzuzweifeln und diese am Bildschirm prüfen zu lassen. Nachteilig wären die dadurch längeren Unterbrechungen des Spiels. Auch könnte das Mittel zweckentfremdet werden, um es in bestimmten Situationen als taktisches Mittel zu benutzen und den Spielfluss des Gegners zu stören.

Du weißt schon alles über die Bundesliga, kennst alle Rekorde, Statistiken und Fakten? Denkste! Hier sind sechs ungewöhnliche Zahlen und Geschichten, die dich zum Experten machen werden.

Zahlen, bitte!

6 Städte hatten bereits mehrere Clubs in der Bundesliga. Berlin wurde mit Hertha BSC, Tennis Borussia Berlin, Blau-Weiß 90 Berlin und SC Tasmania 1900 Berlin bereits von vier verschiedenen Clubs vertreten. In Hamburg (Hamburger SV und FC St. Pauli), München (FC Bayern München und TSV München 1860), Köln (1. FC Köln und SC Fortuna Köln), Stuttgart (VfB Stuttgart und SV Stuttgarter Kickers) und Bochum (VfL Bochum 1848 und SG Wattenscheid 09) gibt es zwei Clubs, die eine Bundesliga-Geschichte haben.
Die größte deutsche Stadt, in der noch nie um Bundesliga-Punkte gespielt wurde, ist mit rund 320.000 Einwohnern die ehemalige Hauptstadt Bonn.

39 Millimeter misst ein durchschnittlicher Bundesliga-Grashalm. Der Rasen wird während der Saison mehrmals pro Woche gepflegt und gemäht. Muss ein neuer Rasen verlegt werden, entstehen Kosten von etwa 100.000 Euro.

13 Liter weiße Spezialfarbe sind nötig, um die Spielfeldmarkierungen wie Seitenaus, Grundlinie, Mittellinie, Anstoßkreis und Sechzehn- und Fünfmeterraum vor jeder Begegnung auf dem Feld sichtbar zu machen.

43 Jahre, sechs Monate und zwei Tage alt war Klaus Fichtel, als er am 21. Mai 1988 für den FC Schalke 04 gegen seinen ehemaligen Club SV Werder Bremen auflief. Nie hat es einen älteren Spieler in der Bundesliga gegeben. Ein Rekord!

30 Bälle, aufgepumpt mit etwa 1,1 bar, befinden sich bei einem Bundesliga-Spiel durchschnittlich im Stadion – zehn davon liegen im Innenraum für den Einsatz bereit.

Der aktuelle Fußball der Saison 2010/11

18 Jokertore gelangen Alexander Zickler in seiner Karriere von 1992 bis 2005. Damit ist der Angreifer vom 1. FC Dynamo Dresden und des FC Bayern München der erfolgreichste Einwechselspieler der Bundesliga-Geschichte.

www und Co.

Die **Liga** im Netz

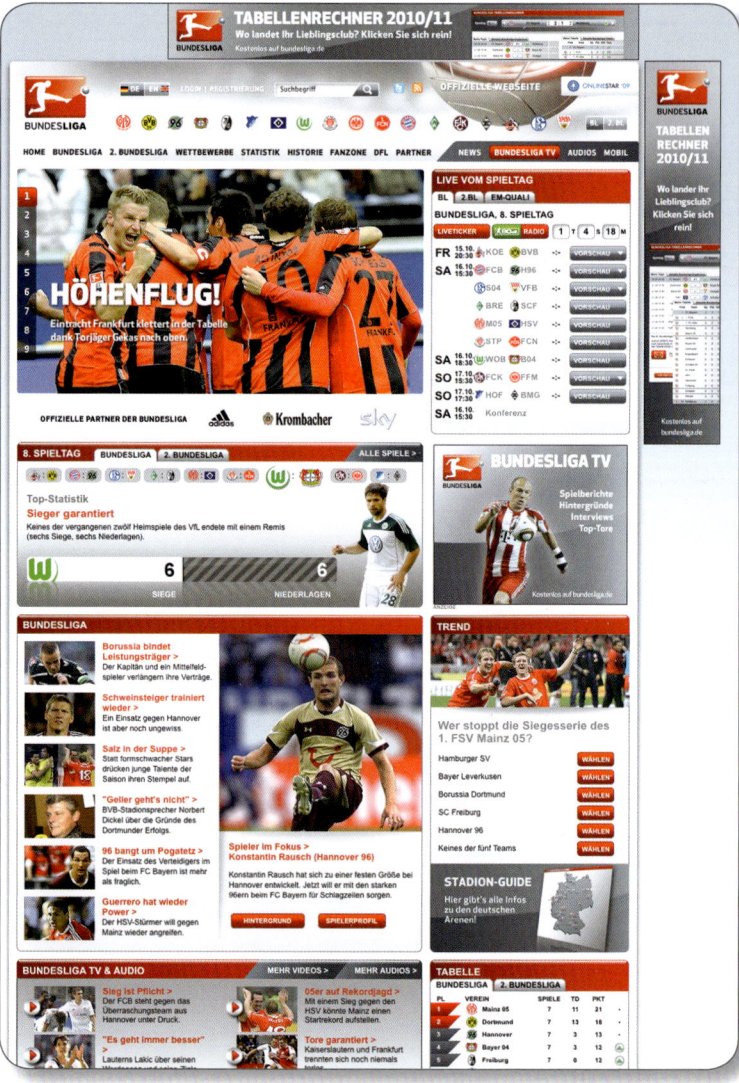

Unsere Großväter versammelten sich gemeinsam vor dem Radio, um gespannt und andächtig der Stimme des Hörfunkreporters zu lauschen. Nicht selten setzte das Signal aus, die schlechte Tonqualität war fast normal und mit der heutigen digitalen Übertragung nicht zu vergleichen. Fantasie und Vorstellungsvermögen waren gefordert, um das Gehörte in Bilder umzusetzen. Oder ein besonders emotionaler Kommentar wie der von Herbert Zimmermann, dessen Reportage vom Endspiel der Weltmeisterschaft 1954 in der Schweiz als bedeutendste aller Zeiten in die Geschichte einging. Deutschland gewann mit 3:2 gegen Ungarn und Zimmermann wurde als Reporter unsterblich.

In den Sechzigerjahren begann die flächendeckende Verbreitung von Fernsehgeräten, zunächst in Schwarz-Weiß, dann zunehmend in Farbe. Die Bundesliga wurde immer mehr auch außerhalb des Stadions erlebbar und entwickelte sich für die TV-Macher in den folgenden Jahrzehnten zum Qualitätsprodukt. Heute finanzieren sich die Etats der Bundesliga-Clubs zu einem großen Teil aus den TV-Geldern.

Das Spiel über Links

In den vergangenen Jahren gewann zudem ein neues Medium an Bedeutung: das Internet. Der Fan konsumiert Texte, aktuelle Videos und Audiodateien über die Bundesliga am Computer, informiert sich über Apps oder Dienste wie Twitter und Facebook und kann unterwegs auf seinem Smartphone die Spiele live verfolgen.
Die Liga ist online und mobil.

www.bundesliga.de – Die offizielle Seite der Bundesliga. Mit Videos, Radioreportagen und Analysen zu den Spielen, allen Terminen sowie einem umfangreichen, detaillierten Statistikteil zu den aktuellen Spielen.

Mehr als nur gute Spieler

Das müssen die Clubs leisten, um in den beiden höchsten deutschen Ligen mitspielen zu dürfen.

Pressekonferenz nach dem Spiel

Der Traum von der Bundesliga. Viele der rund 27.000 Fußball-Clubs in Deutschland haben ihn, 36 leben ihn. Doch bedarf es mehr als einer guten Mannschaft, um den Sprung in diesen exklusiven Kreis zu schaffen.

Die seit 2001 mit der Organisation und Vermarktung des deutschen Profifußballs betraute DFL Deutsche Fußball Liga verlangt von den Bewerbern die Erfüllung zahlreicher Bedingungen, die der sportlichen Qualifikation in Wertigkeit und Bedeutung gleichgesetzt werden. Diese Bedingungen drehen sich um rechtliche, personelle, finanzielle, administrative, infrastrukturelle, sicherheits- und medientechnische Aspekte. Festgeschrieben sind sie in einem umfangreichen Katalog, der Lizenzierungsordnung genannt wird. Das Verfahren der Lizenzierung gilt, im Vergleich mit anderen Profiligen, als eines der strengsten der Welt. Es sorgt aber gleichzeitig dafür, dass alle Clubs in einem fairen Wettbewerb stehen.

Die entsprechenden Unterlagen sind von den Bewerbern aus unteren Ligen für die folgende Saison immer bis zum 1. März, für bereits in den Spielklassen beheimatete Clubs spätestens bis zum 15. März einzureichen. Nachfolgend einige Auszüge aus dem Anforderungskatalog der Lizenzierungsordnung.

Checkliste Bundesliga

Vorhanden sein muss:

- Geschäftsleitung
- Geschäftsstelle mit Telefon, Fax und Internet
- Stadion mit mindestens 15.000 Plätzen (2. BL), davon mindestens 3.000 Sitzplätze
- ein ebener Naturrasen als Spielfeld
- Flutlichtanlage mit mindestens 800 Lux (2. BL)
- Stadionsprecher
- Sicherheitsbeauftragter
- Veranstaltungsleiter
- Leiter eines Ordnungsdienstes
- ganzjährig nutzbares Trainingsgelände
- ausgebildeter Cheftrainer mit Fußball-Lehrer-Lizenz oder UEFA-Pro-Lizenz
- mindestens zwölf deutsche Lizenzspieler
- Nachwuchsleistungszentrum
- Leiter Nachwuchsleistungszentrum
- Pressesprecher
- Fanbeauftragter
- Medizinisches Personal
- Marketingverantwortlicher
- Auszug aus dem Vereins- bzw. Handelsregister
- Wirtschaftsbilanz
- Gewinn- und Verlustrechnung
- Bericht eines Wirtschaftsprüfers
- Haftpflichtversicherung

Lizenztauglich: Das Millerntor-Stadion in Hamburg wird nach dem Umbau 24.487 Zuschauern Platz bieten.

Bananen, Frosch und Zungenbrecher

Kurioses und Merk-Würdiges zum Abschluss

Die Banane

Gleich sechs Eigentore unterliefen Manfred Kaltz in seiner langen Bundesliga-Karriere (1971 bis 1989, 1990/91). Damit ist der Spieler des Hamburger SV, der die „Bananen-Flanke" erfand und Angreifer Horst Hrubesch so einen Großteil seiner vielen Tore ermöglichte, der größte Pechvogel aller Zeiten. Allerdings sei zu seiner Verteidigung gesagt, dass er in seinen 581 Spielen auch 76 Mal ins gegnerische Tor traf. Davon 53 Mal vom Elfmeterpunkt als Strafstoßschütze – ebenfalls Rekord.

Der Frosch

Es war die Saison 1976/77. Walter Frosch, beinharter Verteidiger des Zweitligisten FC St. Pauli, hatte in 37 Spielen 27 Mal die Gelbe Karte gesehen, wodurch sich der Deutsche Fußball-Bund (DFB) dazu veranlasst sah, sein Reglement zu überdenken und eine Spielsperre nach vier Verwarnungen (heute bei fünf) festzulegen. „Wegen mir wurde die Gelbsperre eingeführt", lacht Frosch, der nie einen Platzverweis erhielt, noch heute.
Die meisten Gelben Karten insgesamt sah übrigens nicht Frosch, sondern Stefan Effenberg (111).

Der Bomber

Er ist unerreicht und wird dies voraussichtlich auch für immer bleiben. Keiner erzielte mehr Tore, keiner jubelte häufiger. Der Angreifer, der den FC Bayern München bis 1979 vier Mal zum Meistertitel schoss, bringt es auf eine Trefferbilanz von 365 Toren in 427 Spielen: Gerd Müller. Spitzname: Bomber der Nation. 55 Mal erzielte er einen Doppelpack, sieben seiner insgesamt 18 Hattricks waren lupenrein, gleich zehn Mal schaffte er vier Treffer in einem Spiel und vier Mal bezwang er den gegnerischen Torwart gleich fünf Mal während nur eines Bundesliga-Spiels. Überflüssig zu erwähnen, dass diese Werte allesamt Rekord bedeuten. Wie auch seine 40 Treffer in der Saison 1971/72.
Nur zwei Tor-Bestmarken gehören anderen. Sechs Tore in einem Spiel gelangen zwar auch einem Müller, doch hört der auf den Vornamen Dieter und spielte von 1973 bis 1981 für den 1. FC Köln. Und in fremden Stadien gab es mit Klaus Fischer einen erfolgreicheren Schützen. Müller erzielte nur 115 seiner 365 Treffer auswärts, Fischer (TSV München 1860, FC Schalke 04, 1. FC Köln, VfL Bochum 1848) gelangen 117.

Die Prügelknaben

Es war ja gut gemeint. Als Hertha BSC 1965 wegen verbotener Prämienzahlungen aus der Bundesliga zwangsabsteigen musste, entschied der Deutsche Fußball-Bund (DFB), dass aus politischen Gründen trotzdem ein Berliner Club in der höchsten Spielklasse dabei sein müsse. Er stockte daher die Spielklasse kurzerhand von 16 auf 18 Teilnehmer auf. Da Tennis Borussia Berlin bereits in der Aufstiegsrunde gescheitert war und der Spandauer SV nicht wollte, nahm SC Tasmania 1900 Berlin den Platz von Hertha BSC ein. Was folgte, war jedoch eine einzigartige Enttäuschung. Mit nur zwei Siegen, 8:60 Punkten und einem Torverhältnis von 15:108 stieg der Club aus dem Bezirk Neukölln am Saisonende sang- und klanglos wieder ab.

Neben der schlechtesten Bilanz blieb Tasmania als einziges Bundesliga-Team der Geschichte ohne Auswärtssieg, ist verantwortlich für die längste Serie ohne ein gewonnenes Spiel (31), die geringste Zuschauerzahl (827) und kassierte beim 0:9 gegen den Meidericher SV die höchste Heimniederlage. Dies sind nur Auszüge einer langen Liste an Pleiten, Pech und Pannen. Das eine Jahr genügte, um sich so ziemlich alle Negativrekorde der Bundesliga-Geschichte zu sichern.

Die Bundesliga-Auswahlteams 2010/11

Am Saisonende gibt es den Spieler des Jahres, den Trainer des Jahres, die Top-Elf des Jahres und andere Ehrungen. Wir haben eine etwas andere Auswahl getroffen und die Profis aus Bundesliga und 2. Bundesliga nicht nach Leistung, sondern nach ihrem Namen sortiert. Heraus kamen zahlreiche Schnittmengen, entschieden haben wir uns am Ende für vier: die Elf der Tiere, die Elf der Zungenbrecher und die Elf der Berufe. Viel Spaß!

Die Berufe-Elf

Bäcker (Borussia M'gladbach) **Müller** (FC Bayern)

Kaplan (Bayer 04) **Schuster** (SC Freiburg) **Gerber** (FC Ingolstadt) **Jäger** (SC Freiburg)

Schäfer (Karlsruher SC) **Zimmermann** (Karlsruher SC) **Fischer** (Arminia Bielefeld) **Kauffmann** (FC Ingolstadt)

Fährmann (Eintracht Frankfurt)

Trainer Schaefer (1. FC Köln)

Die Tier-Elf

Adler (VfL Osnabrück) **Strauß** (Erzgebirge Aue)

Robben (FC Bayern) **Krebs** (Karlsruher SC) **Fink** (Fortuna Düsseldorf) **Hunt** (SV Werder)

Fuchs (Mainz 05) **Hummels** (Borussia Dortmund) **Wolf** (1. FC Nürnberg) **Ochs** (Eintracht Frankfurt)

Butt (FC Bayern)

Trainer Schaaf (SV Werder)

Die Zungenbrecher-Elf

Domovchiyski (Hertha BSC) **Abdellaoue** (Hannover 96)

Husejinovic (SV Werder) **Tymoshchuk** (FC Bayern) **Bahcecioglu** (RW Oberhausen) **Blaszczykowski** (Borussia Dortmund)

Papadopoulos (Schalke 04) **Olajengbesi** (Alemannia) **Ghvinianidze** (München 1860) **Piszczek** (Borussia Dortmund)

Bailly (Borussia M'gladbach)

Trainer Pezzaiuoli (1899 Hoffenheim)

Bildnachweis

Abkürzungen:

o. = oben; u. = unten; m. = Mitte; l. = links; r. = rechts; die Ziffern beziehen sich auf die Buchseiten.

Witters Sport-Presse-Fotos Hamburg:

4 o.r.; 5 o.m.; 5 u.; 9; 10; 11; 16 o.; 22; 23 u.l.; 25 o.r.; 25 u.l.; 26 u.l.; 28 o.; 29 o.r.; 30 m.; 30 u.l.; 31 o.l.; 33 o.l.; 34 o.l.; 35 o.l.; 36 o.; 37 o.l.; 40; 42 o.l.; 44 m.; 45 o.l.; 46; 50 m.; 51 u.; 52 o.l.; 56 o.l.; 57 o.l.; 61 u.l.; 62 o.; 63; 65 o.; 66 o.l.; 67 o.r.; 67 u.; 68 o.; 69 u.l.; 70; 71; 72; 74 m.; 74 u.l.; 75 u.l.; 76; 77; 78; 79; 80; 81; 82; 83; 84 o.; 85; 86 u.l.; 87; 88; 89; 95 u.r.; 96; 97; 102 m.l.; 102 u.r.

Alle anderen Fotos: Carlsen/Getty Images

Trikotabbildungen der Saison 2010/11:
Am Ball Com GmbH, www.amballcom.de

Hinweise zu den Statistiken

Seite 16, 54:
• Stand der Daten: 1. Juli 2010
• Es ist immer der Club angegeben, für den der Spieler/Trainer die meisten Spiele absolviert hat.

Seite 17, 55:
Stand der Daten: 1. Juli 2010

Infokästen Seite 18–91:
• Stand der Mitgliederzahlen, Meisterschaften und Pokalsiege: 1. Juli 2010
• Stand aller weiteren Daten: 20. Dezember 2010
• Für die Kategorie „Meiste Spiele/meiste Tore" wurden nur die Bundesliga-Einsätze bzw. -Tore gezählt bzw. Tore und Einsätze in der DDR-Oberliga. Manche Clubs haben keine Einsätze dieser Art, daher erscheint hier keine Zahl.

Seite 93–95:
Stand der Daten: 31. Januar 2011

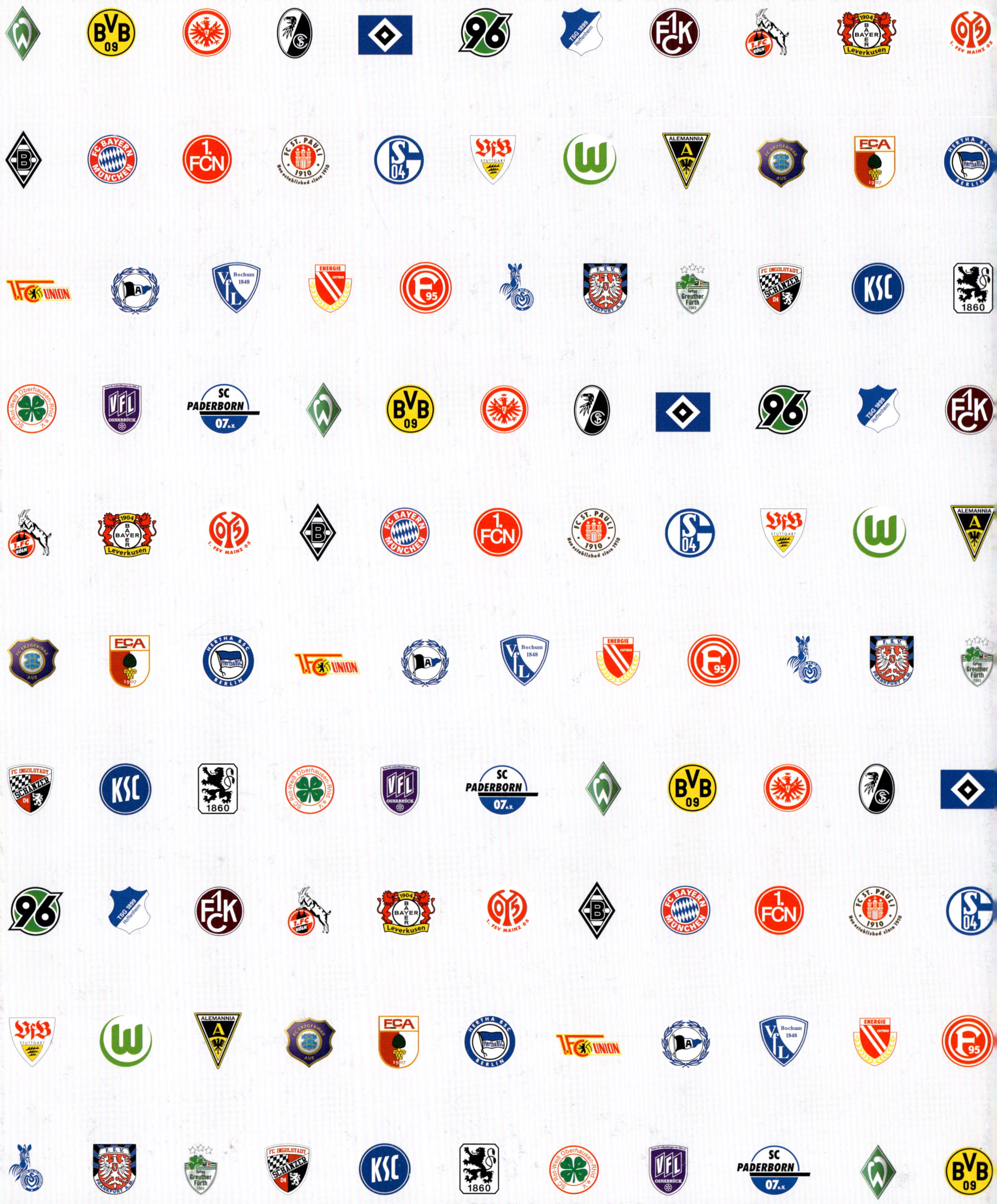